The Lost World

고등학교 영어로 다시 읽는 세계명작

잃어버린 세계

Arthur Conan Doyle 원작
넥서스콘텐츠개발팀 엮음

넥서스

고등학교 영어로 다시 읽는 세계명작
New Collection 16
잃어버린 세계

원　작 Arthur Conan Doyle
엮은이 **넥서스콘텐츠개발팀**
펴낸이 **안용백**
펴낸곳 **(주)넥서스**

초판 1쇄 인쇄 2013년 7월 5일
초판 1쇄 발행 2013년 7월 10일

출판신고 1992년 4월 3일 제311-2002-2호
121-840 서울시 마포구 서교동 394-2
Tel (02)330-5500　Fax (02)330-5555

ISBN　978-89-6790-366-4　14740
　　　978-89-5797-462-9　14740 (세트)

저자와 출판사의 허락 없이 내용의 일부를
인용하거나 발췌하는 것을 금합니다.

가격은 뒤표지에 있습니다.
잘못 만들어진 책은 구입처에서 바꾸어 드립니다.

www.nexusbook.com

머 리 말

어릴 적 즐겨 읽었던 『이상한 나라의 앨리스』나 『작은 아씨들』을 이제 영어로 만나 보세요. 지난날 우리들을 설레게 했던 명작들을 영어로 읽어봄으로써, 우리말로는 느끼지 못했던 또 다른 재미와 감동을 느낄 수 있습니다. 또한 친숙한 이야기를 영어로 바꿔 읽는 것은 그 어느 학습 자료보다도 효과적입니다. 자신이 알고 있는 이야기를 떠올리며 앞으로 전개될 내용을 상상하며 읽어 나가면, 낯선 내용을 읽을 때만큼 어렵거나 부담스럽지 않기 때문입니다.

『중학교·고등학교 영어로 다시 읽는 세계명작 시리즈 New Collection』은 기존에 나와 있는 명작 시리즈와는 달리, 소설책을 읽듯 추억과 감동에 빠져들 수 있도록 원서의 느낌을 최대한 살렸습니다. 또한, 영한 대역 스타일을 탈피하여 우리말 번역을 권말에 배치함으로써 독자 여러분이 스스로 이야기를 이해하는 연습을 할 수 있도록 하였습니다. 더불어 원어민 성우들이 정확한 발음과 풍부한 감성으로 녹음한 MP3 파일은 눈과 귀로 벅찬 감동을 동시에 경험하며, 최대의 학습 효과를 얻을 수 있도록 제작되었습니다.

'순수하고 가슴 뭉클한 그 무엇'이 절실한 요즘, 주옥같은 세계명작을 다시금 읽으며 잠시나마 마음의 여유를 갖고 영어소설이 주는 감동에 빠져 보세요.

넥서스콘텐츠개발팀

이 시리즈의 특징

1 읽기 쉬운 영어로 Rewriting
한국인이 가장 좋아하는 세계명작만을 엄선하여, 원문을 최대한 살리면서 중고등학교 수준의 쉬운 영어로 각색하였다. 『중학교 영어로 다시 읽는 세계명작 시리즈 New Collection』은 1,000단어, 『고등학교 영어로 다시 읽는 세계명작 시리즈 New Collection』은 2,000단어 수준으로 각색하고, 어려운 어휘는 별도로 설명하여 사전 없이도 읽을 수 있다.

2 학습 효과를 배가시키는 Summary
각 STORY 및 SCENE이 시작될 때마다 우리말 요약을 제시하여 내용을 추측하면서 읽을 수 있기 때문에, 원서의 부담을 덜면서 더 큰 학습 효과를 얻을 수 있다.

3 학습용 MP3 파일
전문 원어민 성우들의 실감나는 연기가 담긴 MP3 파일을 들으면서, 읽기와 함께 듣기 및 말하기까지 연습할 수 있다.

4 독자를 고려한 최적의 디자인
한 손에 쏙 들어오는 판형, 읽기 편한 서체와 크기 등 독자가 언제 어디서나 오랜 시간 즐겁게 읽을 수 있도록 최상의 편집 체제와 세련된 디자인으로 가독성을 높였다.

추 천 리 딩 가 이 드

step 1 **청해** 들으면서 의미 추측하기

책을 읽기에 앞서 MP3 파일을 들으며 이야기의 내용을 추측해 본다.

step 2 **속독** 빨리 읽으면서 의미 추측하기

STORY 및 SCENE의 영문 제목과 우리말 요약을 읽은 다음, 본문을 읽으면서 혼자 힘으로 뜻을 파악해 본다. 모르는 단어나 문장이 나와도 멈추지 말고 전체적인 흐름을 파악하는 데 주력한다.

step 3 **정독** 정확히 읽으면서 의미 파악하기

어구 풀이와 권말 번역을 참고하면서 정확한 의미를 파악한다.

step 4 **낭독** 소리 내어 읽으면서 소리와 친해지기

단어와 단어가 연결될 때 나타나는 발음 현상과 속도 등에 유의하면서 큰 소리로 또박또박 읽어 본다.

step 5 **섀도잉** 따라 말하면서 회화 연습하기

MP3 파일을 들으며 원어민의 말을 한 박자 늦게 돌림노래 부르듯 따라 말하면서, 속도감과 발음 등 회화에 효과적인 훈련을 한다.

이 시리즈의 구성

우리말 Summary
이야기를 읽기 전에 내용을 짐작해 봄으로써, 편안한 마음으로 읽을 수 있도록 우리말 요약문을 제시하였다. 이를 힌트 삼아 보다 효과적인 내용 이해가 가능할 것이다.

영문
부담스러워 보이지 않고 편안하게 술술 읽히도록 서체와 크기, 간격 등을 최적의 체제로 편집하였다.

어구 풀이
이야기를 이해하는 데 도움이 되도록 어려운 어구를 순서대로 정리하였다. 이야기에 사용되는 의미를 우선순위로 하였으나, 2차적 의미가 중요하거나 불규칙 활용을 하는 경우도 함께 다뤄주어, 보다 풍부한 어구 학습이 되도록 배려하였다.

Story 01

The Tortoise and the Ducks

세상을 구경하고 싶어 하던 거북은
어느 날 오리들의 도움으로 하늘을 날게 된다.

The Tortoise's* shell* is his house. He has to carry it on his back* all the time, so he can never leave home. This was a punishment* from Zeus for being lazy,* because he refused* to go to Zeus's wedding.

The Tortoise became very sad when

---

he saw other animals move about* freely and swiftly.* He wanted to see the world like they did, but the house on his back and his short legs made it impossible.

One day the Tortoise told two ducks his sad story.

"We can help you to see the world," said the Ducks. "Bite* down hard on this stick with your mouth, and we will fly you high up in the sky so that you can see the world. No matter what* happens,* do not speak. Or you'll regret* it very badly.*"

The Tortoise was very pleased.* He bit down on the stick as hard as he could, and the Ducks took hold of*

---

tortoise 거북 shell 껍질, 껍데기 back 등 punishment 벌, 처벌 lazy 게으른 refuse 거절하다, 거부하다 move about 돌아다니다 swiftly 재빠르게 bite 이빨로 물다 no matter what ~ 무엇이든 ~일지라도 happen 일어나다, 발생하다 regret 후회하다 badly 몹시, 심하게 pleased 기쁜 take hold of ~ ~을 쥐다, 잡다, 쥐다

우리말 번역

문장 구성과 어구의 쓰임을 효율적으로 학습할 수 있도록 직역을 기본으로 하여 번역하였다. 가능하면 번역에 의존하지 말고 영문과 어구만으로 이야기를 이해하도록 하며, 번역은 참고만 하도록 한다.

페이지 표시

영문을 읽다가 해결되지 않는 부분이 있을 때 그에 대응하는 번역 부분을 손쉽게 찾을 수 있도록 해당 영문 페이지의 번호를 표시해놓았다.

MP3 파일
www.nexusbook.com에서 다운로드

전문 원어민 성우들의 생생한 연기를 귀로 들으며, 바로 옆에서 누군가가 동화책을 읽어주는 것처럼 더욱 흥미롭고 효과적으로 학습할 수 있다.

저자 소개

아서 코난 도일(1859~1930)은 스코틀랜드 에든버러 출생으로 의대 재학 시절부터 단편 소설을 쓰기 시작하여 졸업 후 개업과 동시에 본격적으로 소설을 썼다.

코난 도일은 추리 소설의 백미로 손꼽히는 셜록 홈즈 시리즈로 유명하다. 그러나 시리즈의 시초인 「주홍색 연구」는 출판사들의 외면으로 출판이 되지 못하다가 집필 1년 후인 1887년에 겨우 출간될 수 있었다. 이후 1927년까지 「네 개의 서명」, 「셜록 홈즈의 회상록」, 「바스커빌 가문의 사냥개」, 「셜록 홈즈의 귀환」, 「공포의 계곡」, 「마지막 인사」, 「셜록 홈즈의 사건집」이 발표되어 꾸준히 인기를 끌었다.

셜록 홈즈 이야기 창작에 지친 도일은 역사 소설 「흰색 회사」, 공상 과학 소설 「잃어버린 세계」를 비롯하여 추리 소설이 아닌 다른 분야의 소설과 의학 관련 저술도 꾸준히 발표하였으나 당대에는 크게 주목을 받지 못했다.

코난 도일은 1902년 보어 전쟁 때 군의관으로 참전하여 '남아프리카의 전쟁: 원인과 행위'라는 기사를 써서 영국군을 옹호한 공적을 인정받아 영국 왕실로부터 기사 작위를 받았고 두 차례 국회의원 선거에 출마하기도 했다. 결핵으로 아내가 죽고 1차 대전 때 아들이 사망하자 그는 자동차 경주, 비행, 심령학에도 관심을 가졌다. 전 세계에 걸쳐 강연회를 다니던 도일은 1929년 유럽 순회강연을 마치고 돌아오던 중 협심증이 발병하여 이듬해 사망했다.

작품 소개

코난 도일의 「잃어버린 세계」는 1912년에 출간된 그의 첫 번째 공상 과학 소설로 영화 '쥬라기 공원'과 '잃어버린 세계를 찾아서'에 지대한 영향을 준 소설로 알려져 있으며 당대에 관심을 끌던 진화론이 반영된 작품이다.

소설의 화자인 말론은 기자인데, 사랑하는 여인이 엄청난 모험을 한 유명한 남자가 이상형이라고 하자 편집장에게 굉장한 일을 취재할 수 있게 해 달라고 부탁한다. 이에 말론은 학계의 이단아이자 괴짜로 알려진 챌린저 교수를 취재하게 되는데, 그는 얼마 전 남미에 다녀온 후 선사 시대의 생물들이 그 땅에 생존해 있다는 주장을 펼치다가 학계와 일반 대중들의 외면을 받은 사람이다. 결국 챌린저 교수가 주장하는 내용의 진위 여부를 판명하고자 원정대가 꾸려지고 말론, 챌린저 교수, 존 록스턴, 서멀리 교수가 남미로 떠난다. 그들은 남미에서 신비로운 쥐라기 시대의 생물들과 진화의 역사에서 유인원과 인간을 이어 주는 과도기적 존재인 유인원 인간을 접하고 다시 영국으로 돌아와 사람들의 불신을 해소시킨다. 그러나 말론은 사랑하는 여인이 평범한 남자와 이미 결혼한 것을 보고 실망하여 존 록스턴과 다시 새로운 모험을 떠나기로 한다.

코난 도일은 이후 이 작품의 실질적인 주인공 챌린저 교수가 중심이 되는 「유독 지대」, 「안개의 땅」, 「세계가 비명을 지를 때」, 「파쇄 기계」 등 4편의 다른 소설도 내놓았다.

Contents

Chapter 01	**There Are Heroisms All Around Us** 영웅적인 행동들은 우리 주변에 널려 있다	14
Chapter 02	**Try Your Luck with Professor Challenger** 자네가 챌린저 교수에 대해 운이 좋을지 시험해 보게	22
Chapter 03	**He Is a Perfectly Impossible Person** 그는 완전히 못 말리는 사람입니다	32
Chapter 04	**It's Just the Very Biggest Thing in the World** 그것은 정말로 세상에서 가장 큰 사건입니다	43
Chapter 05	**Question!** 질문이요!	63
Chapter 06	**My Directions for You Are in This Sealed Envelope** 당신들에게 줄 내 지시 사항이 이 밀봉한 봉투 안에 있소	80
Chapter 07	**Tomorrow We Disappear into the Unknown** 내일이면 우리는 미지의 세계로 사라진다	87
Chapter 08	**The Outlying Pickets of the New World** 새로운 세계의 외딴 초소들	103
Chapter 09	**Who Could Have Foreseen It?** 누가 그것을 예견할 수 있었을까?	119

Chapter 10 **The Most Wonderful Things Have Happened**   149
최고로 멋진 일이 일어났다

Chapter 11 **For Once I Was the Hero**   162
이번만은 내가 영웅이었다

Chapter 12 **It Was Dreadful in the Forest**   183
숲 속은 무시무시했다

Chapter 13 **A Sight Which I Shall Never Forget**   199
내가 절대 못 잊을 광경

Chapter 14 **Those Were the Real Conquests**   219
그것들은 진정한 정복이었다

Chapter 15 **Our Eyes Have Seen Great Wonders**   231
우리는 굉장한 불가사의를 보았다

Chapter 16 **A Procession! A Procession!**   242
앞으로! 앞으로!

The Lost World

Chapter 01

There Are Heroisms All Around Us

초짜 기자인 말론은 글래디스에게 사랑을 고백하지만
그녀는 굉장한 모험을 한 사람을 이상형으로 꼽으며
그에 대해서는 아직 친구 이상의 감정이 없으니
대단한 사람이 되면 다시 그 문제를 이야기해 보자고 한다.

Mr. Hungerton, my girlfriend Gladys's father was one of the silliest men I had ever met. Like a bird, he liked to chirp* on and on. He had crazy views on economics* and trade.* For an hour or more that evening, I listened to him complain.

"What if everyone had to pay all their

debts* right now?" he shrieked.*

"I would be a ruined* man!" I answered. "I don't have the money!"

"You should spend your money more wisely," he grumbled* and left the room.

At last, I was alone with Gladys.

She sat, proud and delicate,* next to a red curtain. How beautiful she was! But she was cold! We had been friends, but I didn't feel as close to her as I felt to my male friends. But I suppose* that was okay. You can't feel attracted to* a woman that you know too well.

Gladys could be cold, but she had bronze* skin, deep dark eyes, and full red lips. Inside she must have some deep passion. Would she reject* me? I would rather be a rejected lover than an

---

chirp 종알거리다 economics 경제, 경제학 trade 무역, 통상 debt 빚
shriek 소리를 지르다 ruined 파산한, 영락한 grumble 투덜대다, 툴툴거리다
delicate 우아한, 섬세한 suppose 가정하다, 생각하다 attracted to ~에게
매료되어 bronze 구릿빛의 reject 거부하다

accepted* brother. We sat in silence for a long time.

"I wish you wouldn't ask what I think you are going to ask me," she spoke finally.

"How did you know what I was going to ask?" I asked.

"Don't women always know? But Ned, our friendship has been so good and so pleasant! Why do you want to change it? Don't you like that a young man and a young woman should be able to talk face to face as we have talked?"

"I don't know, Gladys. You see, I can talk face to face with any man on the street. That does not satisfy me. I want my arms around you…oh, Gladys, I want…."

She jumped up from her chair. "You've spoiled* everything, Ned," she said. "Why can't you control yourself?"

"It's nature. It's love."

"Well, perhaps if both love, it may be

different. I have never felt it."

"But why can't you love me, Gladys? Is it my appearance,* or what?"

"No, it isn't that," she said at last.

"My character*?"

She nodded.

"What can I do to change it? Please talk to me!"

She looked at me with distrust,* which I actually* liked better than her confidence.* Anyhow,* she sat down.

"Now tell me, what's wrong with me?"

"I'm in love with somebody else," she said.

It was my turn to jump out of my chair.

"It's nobody in particular*; only an ideal. I've never met him yet."

"Tell me about him. What does he look

---

accepted 인정받은, 용인된 spoil 망치다 appearance 외모 character 성격, 인격 distrust 불신 actually 사실은 confidence 자신감 anyhow 그래도 in particular 특별히

like?"

"Oh, he might look very much like you."

"How dear of you to say that! Well, what is it that he does that I don't do? Tell me to try anything; I'll try it to make you happy."

She laughed. "Well, in the first place,* I don't think my ideal would speak like that. He would be a harder, not so ready to change himself for a silly girl. But, above all,* he must be a man who could look Death in the face* and have no fear of him. I could love a man that did great and strange things. I want his noble and great accomplishments* to reflect* on me."

She looked so beautiful in her enthusiasm.*

"We can't all be great men," I said. "Besides, I never had the chance. If I did, I would try to take it."

"But chances are all around you. You just have to take them. Look at that young

Frenchman who went up last week in a balloon for his lover. The wind blew him fifteen hundred miles in twenty-four hours, and he fell in the middle of Russia. Think of the woman he loved, and how other women must have envied* her!"

"I'd have done it to please you."

"But you shouldn't do it merely to please me. You should do it because you can't help yourself or because it's natural to you. Now, when you described* the Wigan coal* explosion* last month, could you not have gone down and helped those people?"

"I did."

"I didn't know." She looked at me with rather more interest. "That was brave of you."

---

in the first place 우선 above all 무엇보다 look ~ in the face ~을 똑바로 쳐다보다 accomplishment 업적 reflect 투영하다, 비추다 enthusiasm 열광, 열의 envy 부러워하다 describe 묘사하다, 서술하다 coal 석탄 explosion 폭발

"I had to. If you want to write a good news story, you must be where the things are."

"When you say it that way, it doesn't sound romantic!" She gave me her hand. "It may sound silly, but it is who I am. If I marry, I do want to marry a famous man!"

"Why should you not?" I cried. "Give me a chance, and see if I will take it! Besides, as you say, men ought to make their own chances, and not wait until they are given."

She laughed. "Why not? You have everything a man could have: youth, health, strength,* education, energy. Not another word, sir! You should have been at the office for evening duty half an hour ago. Someday, perhaps, when you have won your place in the world, we shall talk it over again."

And so that foggy November evening

my heart was glowing* within me. I was determined to* do something which was worthy of my lady. But how could I have imagined where that determination* would lead me?

Look at me, then, at the office of the Daily Gazette, on the staff of which I was a most unimportant person. Was it hardness* or selfishness* that made her ask me to risk my life* for her own glorification*? I realize this now that I'm older, but I couldn't realize it when I was just twenty-three and in love.

---

strength 힘   **glow** 달아오르다, 타오르다   **be determined to** ~하기로 결심하다   **determination** 결심, 결정   **hardness** 무정함, 무자비   **selfishness** 이기심   **risk one's life** 목숨을 걸다   **glorification** 영광, 찬양

Chapter 02

Try Your Luck with Professor Challenger

말론은 편집장에게 대단한 것을 취재하게 해 달라고 사정한다.
편집장은 학계의 이단아이며 기자들에 대한 반감을 가지고 있는
챌린저 교수를 취재해 오라는 지시를 내리고
말론은 챌린저 교수에게 접근할 방법을 세균학자 친구와 모색한다.

I always liked McArdle, the grumpy,* old, red-headed news editor,* and I hoped that he liked me. Of course, Beaumont was the real boss. But his mind was always elsewhere, thinking about big things. He was above and beyond us. But McArdle was the person who had to deal with the rest of us and who we knew well. The old man nodded as I entered the room.

"Well, Mr. Malone, from all I hear, you seem to be doing very well," he said kindly.

I thanked him.

"Your stories have been really good lately. What did you want to see me about?"

"To ask a favor."

"What is it?"

"Do you think, sir, that you could possibly send me on some mission for* the paper?"

"What sort of mission did you have in mind, Mr. Malone?"

"Well, sir, anything that had adventure and danger in it."

"You seem very anxious to* lose your life."

---

grumpy 심술궂은, 성미가 까다로운   editor 편집자   send A on some mission for B A를 B로 파견하다   anxious to 몹시 ~하고 싶어 하는

"To make my life worthy, sir."

"Well! I don't know if I can help you. I can only send an experienced man on dangerous missions. The big blank spaces in the map are all being filled in, and there's no room for romance anywhere. Wait a bit, though!" he added, with a sudden smile upon his face. "What if I gave you a mission to expose* a liar and a fraud*? Would you like that?"

"Anything… anywhere… I don't care."

McArdle thought for some minutes.

"You seem good at making people like you. Do you think you could get to know one of these men and make him trust you?"

"I could, sir."

"Could you get close to Professor Challenger, of Enmore Park?"

"Challenger!" I cried. "Professor Challenger, the famous zoologist*! Wasn't he the man who attacked* that reporter from the Telegraph?"

The news editor smiled darkly.

"Do you mind? Didn't you say that you wanted an adventure?"

"If it's what you want me to do," I answered.

"I don't think he is always so violent.* You may have better luck."

"I really know nothing about him," I said.

"I have a few notes for you, Mr. Malone. I've been watching the Professor for some time." He took a paper from a drawer. "Here is a summary*:

"'Challenger, George Edward. Born: 1863. Education: He studied anthropology* and zoology at the University of Edinburgh. He is interested in skulls* and vertebrate*

---

expose 폭로하다 fraud 협잡꾼, 사기꾼 zoologist 동물학자 attack 공격하다, 폭행하다 violent 폭력적인 summary 요약, 개요 anthropology 인류학 skull 두개골 vertebrate 척추동물의

evolution.* The scientific articles* he published caused numerous* debates* and arguments* amongst* the other scientists in his field.'

"There, take it with you. I've nothing more for you tonight."

I pocketed* the piece of paper.

"One moment, sir," I said. "I am not very clear yet why I am to interview this gentleman. What has he done?"

"He went to South America on a solitary* expedition* two years ago and came back last year. He started to tell what happened and then he suddenly stopped. Something wonderful happened or the man is a champion liar. He had some damaged* photographs, said to be fakes. He attacks anyone that asks too many questions, especially reporters. In my opinion, he's just a crazy violent man who happens to like science. That's your man,

Mr. Malone. Now, off you run."

I walked outside and gazed* thoughtfully* for a long time at the brown, oily river. Then I had an idea. He wouldn't see me as a reporter, but what if I talked to him about science. I would try.

I entered the club where I could find Professor Challenger. I noticed* a tall and thin man seated in a chair by the fire. He turned as I sat down next to him. He was a nature scientist with a kind face.

"What do you know of Professor Challenger?"

"Challenger? Challenger was the man who came with some fake story from South America."

"What story?"

"Oh, it was nonsense* about some

---

evolution 진화   article 기사, 논설   numerous 수많은   debate 토론
argument 논쟁   amongst ~ 중에서   pocket 주머니에 넣다   solitary
단독의, 혼자 하는   expedition 원정, 탐험   damaged 손상된   gaze 응시하다
thoughtfully 생각에 잠겨   notice 알아보다   nonsense 헛소리

strange animals he had discovered.* I believe he has taken back* his story since then."

"You don't say! Anything more about Challenger?"

"Well, I'm a bacteriologist,* you know. I can't take anything seriously, unless I can see it with my own eyes. I HAVE heard something of Challenger, for he is one of those men whom nobody can ignore.* He's very clever and full of energy, but he always fights. He also likes popular science—he just tells people what they want to hear. He even faked some photographs from South America."

"What do you mean by popular?"

"He claimed* something about evolution recently."

"What exactly?"

"We have it filed at the office. Would you care to come?"

"It's just what I want. I have to interview the man. It's really good of you to help me. I'll go with you now, if it is not too late."

Half an hour later, I was seated in his office with a huge book in front of me, which had been opened at the article "Weissmann versus* Charles Darwin." I was never a good science student, so I couldn't understand exactly what had happened at the meeting of scientists that the book described. I could tell that Professor Challenger had been aggressive* and insulting.* He argued heatedly* with most of the other scientists there and made controversial* statements.*

"I wish you could translate* it into English for me," I said pathetically* to my helper.

---

discover 발견하다   take back 철회하다   bacteriologist 세균학자   ignore 무시하다   claim 주장하다   versus ~ 대   aggressive 공격적인   insulting 모욕적인, 무례한   heatedly 열띠게   controversial 논쟁거리가 많은   statement 발언, 진술   translate 번역하다   pathetically 애잔하게

"It is in English. It is pretty difficult for someone who isn't a scientist."

"I will write to him. Could I write the letter here and use this address?"

"Fine, but I'd like to read it before it goes."

When I finished writing the letter, I read it back to the bacteriologist:

DEAR PROFESSOR CHALLENGER,

As a humble student of nature, I have always taken the deepest interest in the differences between Darwin and Weissmann. I have recently had a chance to read your speech in Vienna. It seems to me that you have made the best argument yet and no one could argue about your overall[*] point.

There is one sentence: 'I completely disagree that each living thing has its own separate history of evolution that has happened slowly, generation[*] after generation.' Don't you think this statement is a little too strong? With deep respect, I am curious why you feel so strongly. With your permission,* I would like to visit your home at eleven o'clock on the day after tomorrow (Wednesday) morning.

With deep respect, yours very truly,
EDWARD D. MALONE

"How's that?" I asked.

"Well, you're a liar. But if that doesn't bother you, you'll have the answer for you here on Wednesday morning. He is violent and dangerous, hated by everyone who comes across him. Perhaps it would be best for you if you never heard from the man at all."

---

overall 전체적인 **generation** 세대 **permission** 허락

Chapter 03

He Is a Perfectly Impossible Person

말론은 챌린저 교수의 초대를 받고 그의 집에 가지만
교수는 말론을 떠보다 그가 기자임을 확신하고
폭력을 휘둘러 집밖으로 내쫓으려고 한다.

When I visited on Wednesday, there was a letter with the West Kensington postmark* on it, and my name written across the envelope.* It read: ENMORE PARK, W.

Sir,
I have received your note. You claim to

agree with me, but I am right whether or not you or anyone else agrees with me. It seems, however, that you are just ignorant* and not trying to insult* me. You quote* a sentence from my lecture,* and seem to have some difficulty in understanding it. I had thought that only idiots* could not understand my point. I will not change my views, but I will talk to you about it. If you show this letter to my butler,* he will let you into my house. I must be careful not to meet any of those worms who call themselves 'journalists.'

Yours faithfully,

George Edward Challenger

It was nearly half-past ten before I had received my message, but a taxicab took me on time to* my appointment.* The house was very large and the Professor was clearly wealthy. I was met by a very old man at the door.

"Expected*?" he asked.

"An appointment."

"Got your letter?"

I produced* the envelope.

"Right!" He seemed to be a person of few words. Following him down the passage,* I was suddenly interrupted* by a small woman. She was a bright, energetic, dark-eyed lady.

"One moment," she said. "You can wait, Austin. Step in here, sir. May I ask if you have met my husband before?"

"No, madam, I have not had the honor."

"Then I apologize to you. I must tell you that he is a perfectly* impossible* person."

"It is considerate* of you, madam."

"Get quickly out of the room if he seems to be violent. Don't wait to argue with him. Several people have been injured* through doing that. I suppose it wasn't about South America that you wanted to see him?"

I could not lie to a lady.

"Dear me! That is his most dangerous subject.* Pretend* to believe him, and you may get through all right. Remember he believes it himself. A more honest man never lived. Ring the bell and call me if he seems dangerous."

With these encouraging* words, the lady handed me over to Austin, and I was brought to the end of the passage. The door was opened, and I was face to face with the Professor.

He sat in a chair behind a broad table, which was covered with books, maps,

---

expect (오기로 되어 있는 사람을) 기다리다 produce 내놓다 passage 길 interrupt 가로막다 perfectly 완전히, 몹시 impossible 못 말리는, 대단히 곤란한 considerate 사려 깊은 injured 다친 subject 주제, 화제 pretend ~인 척하다 encouraging 격려하는

and diagrams.* His appearance made me gasp.* His personality* seemed so strong. His head was enormous,* the largest I have ever seen upon a human being. He had a face with a black, almost bluish beard that reminded me of* a bull. His strong eyes were blue-gray. He possessed* huge shoulders and a chest like a barrel* and his two enormous hands were covered with long black hair.

"Well?" he said. "What now?"

"You were good enough to give me an appointment, sir," I said, humbly, producing his envelope.

He took my letter from his desk and laid it out before him.

"Oh, you are the young person who cannot understand plain* English, are you?"

"That is me, sir!" I answered shyly.

"Dear me! Your age and appearance

make your support* doubly valuable.* Well, at least you are better than those idiot scientists in Vienna." He glared at* me.

"They seem to have behaved* terribly," I said.

"I assure* you that I can fight my own battles, and that I have no possible need of your sympathy.* You had some comments about my lecture?"

I tried to think of what to say. He was so direct*!

"I am, of course, a mere* student," I said. "Weren't you too hard on Weissman? The newest evidence* seems to strengthen* his position."

"What evidence?" He spoke calmly.

---

diagram 도해, 도식 gasp 숨이 턱 막히다 personality 성격 enormous 거대한 remind A of B A에게 B를 떠올리게 하다 possess 소유하다 barrel 통 plain 알기 쉬운 support 지지 valuable 가치 있는, 소중한 glare at ~을 쏘아보다 behave 행동하다 assure 장담하다 sympathy 연민, 동정 direct 직선적인, 단도직입적인 mere 겨우 ~에 불과한 evidence 증거 strengthen 강화하다

"Well, of course, I am aware that there is not anything that you might call definite* evidence...."

He leaned forward with great earnestness.*

"I suppose you are aware that the cranial* index* is a constant* factor*?"

"Naturally," I said.

"But what does that prove?" he asked in a gentle voice.

"What does it prove?"

"Shall I tell you?"

"Please do."

"It proves that you are the biggest liar in London! You are a disgusting,* spineless* journalist!"

He had sprung to his feet with a mad rage in his eyes. I was surprised to see that he was actually a very short man.

"What I said before was nonsense, you idiot! You think that everyone should just bow to you? You think it is your right to ruin* a man's reputation* with some words here and there? You rat, I know you! Give up, my good Mr. Malone! You have played a rather dangerous game, and you have lost it."

"Look here, sir," I said, backing to the door and opening it. "You can yell at me, but you can't attack me."

"Shall I not?" He slowly put his big hands in his pockets. "I have thrown several of you out of the house. You will be the fourth or fifth." He began to walk toward me.

I could have run toward the hall door, but it would have been too shameful.*

"You have no right to attack me. I won't let you."

---

definite 분명한, 명확한   **with great earnestness** 매우 진지해져서   **cranial** 두개골의   **index** 색인, 지수   **constant** 계속적인   **factor** 요소   **disgusting** 혐오스러운   **spineless** 줏대 없는   **ruin** 망치다   **reputation** 명성, 평판   **shameful** 부끄러운

"You won't let me, eh?"

"Don't be such a fool, Professor!" I cried. "What can you hope for? I play rugby for the London Irish. I'm not weak…."

It was at that moment that he rushed at me. He knocked me through the doorway. We continued to fight through the hallway and Austin opened the front door. We went with a back somersault* down the front steps. Finally, he sprang to his feet, waving his fists and breathing heavily.

"Had enough?" he panted.*

"You awful* bully*!" I cried, as I gathered myself together.*

A policeman was beside us, his notebook in his hand.

"What's all this? You should be ashamed," said the policeman.

"This man attacked me," I said.

"Did you attack him?" asked the policeman.

The Professor breathed hard and said nothing.

"It's not the first time, either," said the policeman. "You were in trouble last month for the same thing. You've blackened* this young man's eye. Do you want to charge* him?"

"No," I said. "I do not."

"What's that?" said the policeman.

"I was to blame myself.* He gave me fair* warning.*"

The policeman snapped up* his notebook.

"Don't let this happen again," he said. The policeman began walking down the street. The Professor looked at me, and there was something humorous* at the back of his eyes.

---

back somersault 공중제비 pant 숨을 헐떡이다 awful 지독한 bully 괴롭히는 사람 gather oneself together 마음을 추스르다 blacken 멍들게 하다 charge 고소하다 blame oneself 자신을 책망하다 fair 합당한 warning 경고 snap up 냉큼 덮다 humorous 익살스러운, 해학이 있는

"Come in!" he said. "I've not done with you yet."

I was a little worried, but I still followed him back into the house.

Chapter 04

It's Just the Very Biggest Thing in the World

챌린저 교수는 보도를 하지 않겠다는 조건 하에
말론에게 남미에서 자신이 경험한 일을 들려주고
그곳의 신비한 생물을 스케치로 그려 놓은
미국인 화가의 스케치북을 증거 자료로 보여 준다.

Mrs. Challenger darted out of* the dining room. The small woman was in a furious temper.* She looked like an enraged* chicken in front of a bulldog. It was clear that she had seen my exit,* but

---

dart out of ~에서 뛰쳐나오다   **in a furious temper** 격노한   **enraged** 분노한   **exit** 나감, 떠남

had not observed* my return.

"You brute,* George!" she screamed.* "You've hurt that nice young man."

"Here he is, safe behind me."

She was confused.*

"I am so sorry. I didn't see you."

"That is all right."

"He has marked your poor face! You've finished my patience.* This ends it."

"It's nothing," he rumbled.*

"It's not a secret," she cried. "Everyone in London talks about you! You should have been a professor at a great university with a thousand students all revering* you. Where is your dignity,* George?"

"How about yours, my dear?"

"A roaring, raging bully!"

"That's done it!" he said.

To my amazement,* he picked her up and placed her sitting upon a high pedestal* of black marble. It was at least seven feet high, and so thin that she could hardly balance upon it.

"Let me down!" she wailed.*

"Come into the study, Mr. Malone."

"Really, sir!" I said, looking at the lady.

"Here's Mr. Malone pleading for* you, Jessie. Say 'please,' and down you come."

"Oh, you brute! Please! Please!"

He took her down as if she had been a canary.

"You must behave yourself,* dear. Mr. Malone is from the newspaper. He might write something nasty* about you."

"You are really terrible!" I said.

He bellowed with laughter.*

"Now we have serious things to talk about. Run away, little woman, and don't

---

observe 목격하다   brute 짐승 같은 사람   scream 비명을 지르다
confused 혼란스러운   patience 인내   rumble 불평하다   revere 숭배하다, 우러러보다   dignity 위엄, 체면   to one's amazement 놀랍게도
pedestal (동상 등의) 받침대   wail 통곡하다, 울부짖다   plead for ~을 위해 애원하다   behave yourself 얌전하게 굴다   nasty 고약한, 심술궂은   bellow with laughter 배꼽이 빠져라 웃다

worry." He placed a huge hand upon each of her shoulders. "All that you say is perfectly true. I should be a better man if I did what you advise, but I wouldn't be George Edward Challenger." He suddenly gave her a big kiss, which embarrassed* me. "Now, Mr. Malone, this way, please."

We reentered the room. The Professor closed the door carefully behind us.

"I had a good reason to throw you out of my house. However, the answer you gave to that policeman showed me that you might be different from other men in your profession.* For this reason, I asked you to return with me."

All this he said like a professor addressing* his class. He looked like an enormous bullfrog.* He pulled out a sketchbook from under a pile of papers.

"I am going to talk to you about South America," he said. "No comments* if you please. First of all,* I wish you to understand that nothing I tell you now is to be repeated in any public way unless you have my permission. That permission will probably never be given. Is that clear?"

"It is very hard," I said.

"That ends it," he said. "I wish you a very good morning."

"No, no!" I cried. "I agree to any conditions.*"

He looked at me with doubt in his eyes.

"Upon my word, sir," I cried angrily.

"Round-headed," he muttered,* "flat-faced, gray-eyed, black-haired...Irish, I guess?"

"I am an Irishman, sir."

"That, of course, explains it. In the first place, you are probably aware that

---

embarrass 당황하게 하다   **profession** 직업, (어떤 직종의) 종사자들
address 연설하다, 강연하다   **bullfrog** 황소개구리   **comment** 논평, 의견
first of all 우선   **condition** 조건   **mutter** 중얼거리다

two years ago I made a journey to South America. The object* of my journey was to verify* some conclusions* of Wallace and of Bates. But a curious incident* occurred* to me while there.

"You are aware that the country around some parts of the Amazon is still only partially explored, and that a great number of smaller rivers run into the main river. I decided to visit this country and to examine* its animals. When I returned, I spent the night with some natives.

"The natives were Cucama Indians. They were friendly, but they were not smarter than the average* Londoner. They were eagerly waiting for me when I arrived because the last time I visited I had helped some of their sick men. Another man had become sick since the last time I was there. Before I could see the sick man, he died.

"He was, to my surprise, no Indian, but

a white man. His blonde hair was dirty, and he was dressed in rags.* The Indians did not know him. He only came to them when he was about to die. In his backpack, I found a name and address: Maple White, Lake Avenue, Detroit, Michigan.

"From the contents* of the backpack it was clear that this man had been an artist and poet. I am not a good judge of the arts, but his poems and paintings were merely average. Finally, I found something in his jacket. It was this sketchbook. Indeed, I hand it to you now, and I ask you to examine the contents."

I had opened the volume* with some expectation.* The next several pages were filled with small sketches of Indians and their ways. Studies of women and

---

object 목적 **verify** 입증하다, (진위 여부를) 확인하다 **conclusion** 결론 **incident** 사건 **occur** 발생하다 **examine** 조사하다 **average** 평균의, 보통의 **rag** 넝마, 누더기 **content** 내용 **volume** (책의) 권 **expectation** 기대

babies filled several more pages, and then there was an unbroken* series* of animal drawings with explanations. Finally, I came to a double-page of studies of long-nosed and very unpleasant lizards.

"Surely these are only crocodiles?"

"Alligators! There are no crocodiles in South America!"

"I meant that I could see nothing unusual.*"

He smiled.

"Try the next page," he said.

It was a full-page sketch of a landscape.* There was a pale-green foreground* of feathery* plants, which ended in a line of cliffs dark red in color. They continued in an unbroken wall right across the background. At one point was a rock like a pyramid. A great tree sat on top. Behind it all, was a blue tropical* sky.

"Well?" he asked.

"It is strange," I said. "But I am not a geologist,* so I can't say how strange."

"Wonderful!" he said. "It is unique.* It is incredible.* Now go to the next page."

I turned it over,* and gasped in surprise. There was a full-page picture of the most extraordinary* creature that I had ever seen. The head was like that of a chicken, the body that of a fat lizard, the long tail was covered with upward-turned* spikes,* and hard plates* covered the creature's back. In front of this creature was a tiny human, who stood staring at it.

"Well, what do you think of that?" asked the Professor.

"It is monstrous* and ugly."

"But what made him draw such an

---

unbroken 연속되는, 중단되지 않는 series 시리즈, 연속 unusual 이상한 landscape 풍경 foreground 전경 feathery 깃털이 난, 솜털 같은 tropical 열대 (지방)의 geologist 지리학자 unique 특이한 incredible 믿을 수 없는 turn over ~을 넘기다 extraordinary 기이한 upward-turned 위쪽으로 향한 spike 뾰족하게 솟은 것 plate (파충류의) 등 딱지 monstrous 괴물 같은

animal?"

"Maybe he caught a fever in the jungle."

"Oh, that's the best explanation you can give, is it?"

"Well, sir, what is yours?"

"The obvious* one is that the creature exists."

I tried not to laugh.

"No doubt," I said. "But why does this man look so small?"

The Professor snorted* like an angry buffalo. "You really are an idiot! Look here!" he cried, leaning forward and touching the picture. "You see that plant behind the animal? I suppose you thought it was a dandelion*? Well, it is a vegetable ivory palm, and they grow to about fifty or sixty feet. Don't you see that the man is put in for a purpose? He sketched him to show you how big the animal is."

"Good heavens!" I cried. "But, surely

the whole experience of the human race* is not to be changed because of a single sketch. It is just a single sketch by a wandering American artist who may have had a fever or a freakish* imagination. You can't, as a man of science, defend* this."

For an answer the Professor took a book down from a shelf.*

"This is an excellent drawing by my gifted friend, Ray Lankester!" he said. "There is an illustration* here which would interest you. Ah, yes, here it is! The inscription* beneath it runs: 'Probable appearance of the Jurassic* Dinosaur* Stegosaurus. The hind leg alone is twice as tall as a full-grown man.' Well, what do you make of that?"

He handed me the open book. It did

---

obvious 분명한 **snort** 콧김을 내뿜다 **dandelion** 민들레 **race** 종족
freakish 별난, 기이한 **defend** 옹호하다 **shelf** 책장 **illustration** 삽화
inscription 주석 **Jurassic** 쥐라기의 **dinosaur** 공룡

resemble* the sketch of the unknown artist.

"That is certainly remarkable,*" I said. "Surely it might be a coincidence,* or this American may have seen a picture and carried it in his memory."

"Very good," said the Professor. "I will now ask you to look at this bone." He handed over the one which he had already described as part of the dead man's possessions.* It was about six inches long, and thicker than my thumb.

"To what known creature does that bone belong?" asked the Professor.

"It might be a very thick human collarbone,*" I said.

"The human collarbone is curved.* This is straight."

"Then I must confess* that I don't know what it is."

"You need not be ashamed." He took a

little bone the size of a bean out of a pillbox. "As far as I know, this human bone is our version of the one which you hold in your hand. That will give you some idea of the size of the creature. This bone is not a fossil.* The animal died recently. What do you say to that?"

"Surely it's an elephant...."

"There are no elephants in South America. This is not a bone of any other creature known to zoology. It belongs to a very large and a very strong animal which exists upon the face of the Earth, but has not yet been found by science. You still don't believe me?"

"I am at least deeply interested."

"I couldn't leave the Amazon without looking deeper into the matter. Indian

---

resemble 닮다　**remarkable** 주목할 만한, 놀랄 만한　**coincidence** 우연　**possession** 소유물　**collarbone** 쇄골　**curve** 구부리다　**confess** 고백하다　**fossil** 화석

legends* spoke of a strange land and creatures in the jungle. You have heard, no doubt, of Curupuri?"

"Never."

"Curupuri is the spirit of the woods, something terrible that you should avoid. None can describe its shape or nature. Now all tribes* agree to the direction in which Curupuri lives. It was the same direction from which the American had come. Something terrible lay that way. It was my business to find out what it was."

"What did you do?"

"I got two of them to act as guides. After many adventures, we came at last to a country which has never been described or visited except by the American artist. Would you kindly look at this?"

He handed me a photograph.

"I lost most of the film in the river. This is one of the few photos I only partially* saved from the water, so the quality* is not good."

The photograph was certainly very off-colored.*

"I believe it is the same place as the painted picture," I said.

"It is the same place," answered the Professor. "Now, will you please look at the top of that rock? Do you observe something there?"

"An enormous tree."

"But on the tree?"

"A large bird," I said. "It appears* to have a large beak. I would guess it was a pelican."

"It is not a pelican, nor, indeed, is it a bird. It may interest you to know that I succeeded in shooting this creature. It was the only absolute* proof of my experiences

---

legend 전설 **tribe** 부족 **partially** 부분적으로 **quality** 화질, 품질 **off-colored** 색이 바랜 **appear** ~인 것 같다 **absolute** 절대적인

which I was able to bring away with me."

"You have it, then?"

"I had it. It was unfortunately lost with so much else in the same boat accident which ruined my photographs. I was only able to hold on to part of it. I now lay it before you."

From a drawer he produced what seemed to me to be the upper portion* of the wing of a large bat. It was at least two feet in length.

"A monstrous bat!" I suggested.

"Nothing of the sort," said the Professor. "The wing of a bird is really the forearm,* while the wing of a bat consists of* three long fingers. Now, in this case, the bone is certainly not the forearm, and there are no fingers. But if it is neither bird nor bat, what is it?"

"I really do not know," I said.

He opened his friend's book again.

"Here is an excellent drawing of the pterodactyl,* a flying reptile of the Jurassic period. On the next page is a diagram of its wing. Kindly compare it with* the one in your hand."

A wave of amazement passed over me as I looked. I was convinced.*

"It's just the very biggest thing that I ever heard of!" I said. "I'm awfully* sorry if I seemed to doubt you. It was all so unthinkable. But I understand evidence when I see it, and this should be good enough for anyone."

The Professor smiled with satisfaction.

"And then, sir, what did you do next?"

"It was the wet season, Mr. Malone. I explored some portion of this huge cliff, but I was unable to find any way to climb

---

portion 일부 **forearm** 팔뚝 **consist of** ~로 이루어져 있다 **pterodactyl** 익룡 **compare A with B** A와 B를 비교하다 **convinced** 확신하는, 신념 있는 **awfully** 대단히, 몹시

it. We did manage to see that below the cliffs there is a swampy* region, full of snakes, insects, and fever."

"Did you see any other trace* of life?"

"No, Mr. Malone, I did not; but we heard some very strange noises from above."

"But what about the creature that the American drew?"

"We can only suppose that he must have been able to climb the mountain and had seen it there. We know, therefore, that there is a way up. We know equally that it must be a very difficult one, otherwise the creatures would have come out from there. Surely that is clear?"

"But how did they come to be there?"

"There can only be one explanation. South America is, as you may have heard, a granite* continent.* A big volcanic* explosion* may have caused this land to rise up higher than everything around it. What is the result? Animals that should have died long ago are still able to live."

"But surely your evidence is good. You just have to show it to the right people."

"That's what I had imagined," said the Professor bitterly. "Jealousy* makes many men unable to believe me. My bad temper does not help. My wife always reminds me to control my emotions. I want to invite you to an exhibition.*" He handed me a card from his desk. "Mr. Percival Waldron, a naturalist,* will lecture at eight-thirty at the Zoological Institute*'s Hall upon 'The Record of the Ages.' I have been specially invited to be present. While doing so, I shall say a few things which may interest the audience.* I won't make

---

swampy 늪의   trace 흔적   granite 화강암   continent 대륙   volcanic 화산의   explosion 폭발   jealousy 질투   exhibition 전시회, 박람회   naturalist 박물학자   institute 협회   audience 청중

any strong statements. I will just suggest* there are many new things to discover."

"And I may come?" I asked eagerly.

"Why, surely," he answered. His smile was a wonderful thing, when his cheeks would suddenly turn into two red apples, between his half-closed eyes and his great black beard. "It will be a comfort* to me to know that I have one friend in the hall. I think there will be a large audience, for Waldron, though a terrible scientist, has a popular following.* I shall be pleased to see you at the lecture tonight. In the meantime,* you must not tell anyone what I told you."

Chapter 05

Question!

챌린저 교수는 동물학회 강연장에서 소동을 일으키고 선사 시대의 생물이 남미에 생존해 있다고 주장한다. 이에 이 주장의 진위를 가리기 위한 원정대가 꾸려지고 서멀리 교수, 존 록스턴 경, 말론이 그 원정대에 속하게 된다.

My head hurt and my spirits were low after I left the Professor's house. My one thought and hope was that there was some truth to the story, and once printed, it would make my paper a lot of money. I

---

suggest 시사하다, 암시하다   **comfort** 위로, 위안   **following** 제자, 지지자
in the meantime 그동안

returned to the office and met McArdle.

"Well…what happened? It looks like he attacked you."

"We had a little difference at first."

"What did you do?"

"Well, he became more reasonable* and we had a chat. But I got nothing out of him."

"I'm not so sure about that. You got a black eye out of him, and that's for publication.* I'll print something about him and ruin him. Everyone will know he is a liar."

"I wouldn't do that, sir."

"Why not?"

"Because he is not a liar at all."

"What!" roared McArdle. "You don't mean to say you really believe this stuff* about ancient creatures?"

"Well, I don't know about that. But I do believe he has got something new."

"Then for Heaven's sake,* man, write it up!"

"I'm longing to,* but he made me promise not to print it yet." I told him a short version of the Professor's story.

"Well, Mr. Malone, about this scientific meeting tonight, there can be no privacy.* I don't suppose any paper will want to report it. Waldron has been reported already a dozen times, and no one is aware that Challenger will speak. We may get a good story, if we are lucky. You'll be there in any case, so you'll just give us a pretty full report."

My day was a busy one, and I had an early dinner at the club with the bacteriologist. He laughed when he learned that I believed Professor

---

reasonable 이성적인   publication 발표, 출판(물)   stuff 것, 일   for Heaven's sake 아무쪼록   long to ~을 애타게 바라다   privacy 비밀, 비공개

Challenger.

"My dear boy, things don't happen like that in real life."

"But the American poet?"

"He never existed."

"I saw his sketchbook."

"Challenger's sketchbook."

"You think he drew that animal?"

"Of course he did. Who else?"

"Well, then, the photographs?"

"There was nothing in the photographs. By your own admission* you only saw a bird."

"A pterodactyl."

"That's what HE says. He put the pterodactyl into your head."

"Well, then, the bones?"

"A good scientist could make fake bones."

I began to feel uneasy.*

"Will you come to the meeting?" I asked.

"You might at least do justice to* him after hearing him state his own case."

"Well, perhaps it's only fair. All right. I'll come."

There was a great crowd outside the hall of both scientists and average people. The crowd contained* a lot of young medical* students. People were in good moods, joking and laughing.

We took our seats. As different scientists came on the stage, the crowd called out to them. The students yelled the loudest when Professor Challenger got on the stage. I began to wonder if the crowds had not come to hear about science, but rather to make fun of* the Professor. He had many enemies in the scientific community.*

---

admission 용인, 승인 **uneasy** 불편한, 거북한 **do justice to** ~을 공평하게 평가하다 **contain** 포함하다 **medical** 의학의 **make fun of** ~을 조롱하다, 비웃다 **community** 공동체, 집단

But it seemed that the students didn't hate Challenger. Instead, he amused* and entertained* them. Perhaps they thought he was crazy. Challenger smiled with weariness.* Finally, Professor Ronald Murray, the chairman,* and Mr. Waldron, the lecturer, got on the stage, and the lectures began.

Professor Murray was the kind of man who spoke too quietly to be heard. Then he sat down, and Mr. Waldron, the famous popular lecturer, rose as people clapped. He was a stern,* thin man with a harsh* voice. But he knew how to make scientific ideas easy and entertaining for the public.

He told the story of creation from the view of science. He started talking about how a hot Earth cooled and how water appeared. He spoke about how life started and he gave some possible explanations. It was hardly conceivable.* Scientists could not yet make life out of nonliving things. But nature had a long time to develop life in ways that we could not.

This brought the lecturer to the great ladder of animal life, beginning low with feeble* sea creatures, then up rung* by rung through reptiles* and fishes, till at last we came to a kangaroo-rat. A live one was brought on stage. The audience was told that this was the ancestor* of all mammals,* including humans. Was evolution finished with humans? No, he said. Evolution was still working, and even greater achievements* were in the future.

Then he went back to the past again. He began to talk about very large lizards that

---

amuse 재미있게 하다   entertain 즐겁게 하다   weariness 권태, 피로
chairman 의장, 회장   stern 엄격한, 준엄한   harsh (목소리가) 걸걸한, 귀에 거슬리는   conceivable 상상할 수 있는   feeble 미약한   rung (사다리의) 단
reptile 파충류   ancestor 조상   mammal 포유류   achievement 업적, 성취(물)

used to roam* the Earth, but luckily they had all become extinct* before mankind* appeared.

"Question!" boomed* a voice from the platform.*

Waldron ignored the voice coming from behind him. He paused* for a moment, and then, raising his voice, repeated slowly the words: "which were extinct before the coming of man."

"Question!" boomed the voice once more.

Waldron looked with amazement along the line of professors upon the platform until his eyes fell upon the figure of Challenger.

"I see!" said Waldron with a shrug.* "It is my friend Professor Challenger," and he began to lecture again.

But every time Waldron made some statement about prehistoric* life, Challenger continued to shout "Question!" The audience began to expect it and to laugh with delight when it came. The students in the audience began to even shout along with the Professor. Waldron, though a strong man, became upset. He hesitated, stammered,* repeated himself, and finally turned furiously to Challenger.

"This is really awful!" he cried, glaring across the platform. "I must ask you, Professor Challenger, to stop these ignorant and rude interruptions.*"

The students in the hall suddenly became quiet.

"I must in return* ask you, Mr. Waldron, to stop saying things that are not scientific fact."

---

roam 돌아다니다 extinct 멸종한 mankind 인류 boom 우렁찬 소리로 말하다 platform 연단 pause 잠시 멈추다 shrug 어깨를 으쓱하기; 어깨를 으쓱하다 prehistoric 선사 시대의 stammer 말을 더듬다 interruption 방해 in return 답례로, 보답으로

The students began to shout things to encourage a fight. Challenger only bowed and smiled. Waldron, still angry and red-faced, continued his lecture. Now and then, he glanced at Challenger, who was sleeping with a smile on his face.

At last the lecture came to an end. Because the argument had stopped early, the audience was restless* and expectant.* Waldron sat down, and Professor Challenger rose.

"Ladies and gentlemen," he began, "I should first thank Mr. Waldron for the imaginative* and descriptive* story he just told us. There are points in it with which I disagree, but, none the less,* Mr. Waldron has given a simple and interesting story of what he believes to be the history of our planet. Popular lectures are the easiest to listen to, but they are necessarily superficial,* since they have explained things to an ignorant audience. They use the work done by unknown and hardworking scientists for fame or cash.

"But enough of this! Why have I challenged Mr. Waldron? I say that Mr. Waldron is very wrong in supposing that because he has never himself seen a prehistoric animal, these creatures no longer exist. They are indeed, as he has said, our ancestors, but they are our contemporary* ancestors. Creatures which were supposed to be Jurassic monsters who would hunt down and eat our largest and fiercest mammals, still exist.

"How do I know, you ask me? I know because I have visited their secret lands. I know because I have seen some of them. Did I hear someone say that I was a liar?

---

restless 들썩이는, 가만히 있지 못하는 **expectant** 기대하는 **imaginative** 상상력이 풍부한 **descriptive** 묘사적인 **none the less** 그럼에도 불구하고, 여전히 **superficial** 피상적인 **contemporary** 동시대의

Will the person who called me a liar kindly stand up so that I may know him?"

"Here he is, sir!" A group of students made a tiny young man with glasses stand up.

"Did you call me a liar?"

"No, sir, no!" shouted the young man, and he disappeared into the crowd.

"If any person in this hall doubts me, I shall be glad to have a few words with him after the lecture."

"Liar!"

"Who said that?" The Professor looked like a bull ready to charge. "Every great discoverer has been called a liar by fools. You just do not have the imagination to understand the truth. You did this to Galileo and Darwin, and I…."

The crowd became chaotic.* Even the old professors joined the students in shouting at Professor Challenger. The whole great audience simmered* like a boiling pot. The Professor took a step forward and raised both his hands. Finally, the crowd became quiet again.

"I will not keep you here longer," he said. "It is not worth it. Truth is truth, and the noise of a number of foolish men cannot change that. I claim that I have opened a new field of science. I put you to the test. Will some of you go out and test my statement in your name?"

Mr. Summerlee, an old professor, stood up and asked if Challenger was talking about things he had found on his trip to the Amazon.

Professor Challenger answered that he was.

Mr. Summerlee asked how he could claim that about a place that had already

---

chaotic 혼돈 상태의   **simmer** 부글부글 끓다, (분노가) 막 끓어올라 터지려고 하다

been explored by other scientists.

Professor Challenger answered that Mr. Summerlee appeared to be confusing the Amazon with the Thames. It was big enough that it was not impossible for one person to find what another had missed.

Mr. Summerlee declared* that he knew the difference between the rivers. Anything said about the Thames could be tested, while about the Amazon it could not. What was the latitude* and the longitude* of the country in which prehistoric animals could be found?

Professor Challenger replied that he would not tell the general public this information, but he would tell a committee* chosen from the audience. Would Mr. Summerlee serve on such a committee and test his story in person?*

Mr. Summerlee said, "Yes, I will."

"Then I promise that I will give you

directions to this place," said Professor Challenger. "But it is dangerous. Mr. Summerlee will need a younger colleague.* May I ask for volunteers*?"

Could I have imagined when I entered that hall that I was about to send myself on a wilder adventure than had ever come to me in my dreams? Gladys would have told me to go. I had sprung to my feet. I was speaking. Tarp Henry, the bacteriologist, my companion,* was whispering.

"Sit down, Malone! Don't make a fool of yourself.*"

At the same time, I was aware that a tall, thin man, with dark red hair, a few seats in front of me, was also upon his feet. He glared back at me with very angry eyes.

"I will go, Mr. Chairman," I kept

---

declare 단언하다 latitude 위도 longitude 경도 committee 위원회 in person 몸소 colleague 동료 volunteer 자원자; 자원하다 companion 일행, 친구 make a fool of oneself 바보짓을 하여 웃음거리가 되다

repeating over and over again.

"Name! Name!" cried the audience.

"My name is Edward Dunn Malone. I am the reporter of the Daily Gazette."

"What is your name, sir?" the chairman asked of my tall rival.*

"I am Lord John Roxton. I have already been up the Amazon, I know all the ground."

"Lord John Roxton's reputation as a sportsman and a traveler is, of course, world-famous," said the chairman. "At the same time, it would certainly be as well to have a member of the Press upon such an expedition."

"Both of these men should accompany* Professor Summerlee upon his journey to investigate* and to report upon the truth of my statements," said Challenger.

And so, amid* shouting and cheering, our fate* was decided. I was pushed outside with the crowd. When I finally was alone, I found myself walking under the silvery lights of Regent Street, full of thoughts of Gladys and of wonder about my future.

Suddenly, there was a touch at my elbow. I turned, and found myself looking at the tall, thin man who had volunteered to be my companion on this strange quest.*

"Mr. Malone, I understand," he said. "Come visit me. I want to talk to you."

---

rival 경쟁자 accompany 동행하다 investigation 조사 amid ~한가운데 fate 운명 quest 탐색

My Directions for You Are in This Sealed Envelope

록스턴 경은 운동선수와 여행가로 이름이 알려져 있는데
그는 챌린저 교수의 주장이 사실이라고 믿고 있다.
원정대가 남미로 출발하는 날 챌린저 교수가 쫓아와
자신의 지시 사항이 담긴 봉투를 이들에게 건넨다.

Lord John Roxton and I turned down Vigo Street together. At the end of a long passage, my new acquaintance* pushed open a door and turned on an electric* switch. The lights lit up the room owned by an obviously rich man. Everywhere I could see luxury* of the wealthy man mixed with careless untidiness* of a bachelor.* Rich furs and strange Asian rugs were scattered* on the floor. Expensive pictures hung on the walls. But amid these varied ornaments* there were scattered the trophies. I remembered that Roxton was a famous sportsman. The biggest trophy was the head of a rare* white rhinoceros.*

In the center of the rich red carpet was a black and gold table that he had not kept clean. He had me sit down and he sat across from me. He stared at me with reckless, cold eyes that were the blue color of a glacier.*

He had a strong nose and a thin face. Something about him reminded me of Napoleon. His eyes were ferocious,*

---

acquaintance 친구, 지인 **electric** 전기의 **luxury** 호화로움, 사치 **untidiness** 깔끔하지 못함, 지저분함 **bachelor** 독신 남성, 미혼 남성 **scatter** 흩어지게 하다 **ornament** 장식품 **rare** 희귀한, 드문 **rhinoceros** 코뿔소 **glacier** 빙하 **ferocious** 맹렬한, 매서운

but he still looked like a proper* English gentleman. He was thin, but very strongly built. His height was a little over six feet. This famous man was watching me steadily in a long and embarrassing silence.

"Well, we've gone and done it," he said at last. "Yes, we've taken a jump. Did you have any idea this would happen to you?"

"No thought of it."

"Same here. No thought of it. How does it hit you?"

"Well, it is all in the main line of my business. I am a journalist on the Gazette."

"By the way, what do you know of this Professor Challenger?"

"I never saw him till today."

"Well, neither did I. It's funny we should both sail under sealed* orders from a man we don't know."

I told him shortly my experiences of the

morning, and he listened. Then he drew out a map of South America and laid it on the table.

"I believe every single word he said to you was the truth," he said earnestly. "South America is a place I love, and I think it's the grandest,* richest, most wonderful bit of earth upon this planet.* People don't know it yet, and don't realize what it may become. The more you know of that country, the more you would understand that anything is possible—anything! There are just some narrow water-lanes* along which people travel, and outside them it is all darkness. Why shouldn't something new and wonderful lie in such a country? And why shouldn't we be the men to find it out?" He laughed.

I spent an hour or so more with my

---

proper 적합한, 예의 바른 **sealed** 봉인을 한 **grand** 웅대한, 장엄한 **planet** 행성 **water-lane** 물길, 수로

strange new friend. I left him as he sat cleaning his rifle and dreaming of new adventures. I could not in all of England have found a cooler head or a braver spirit to go on an adventure with.

That night, even though I was tired, I sat late with McArdle, the news editor, explaining the whole situation to him. He thought it was important enough to tell to Sir George Beaumont, the chief. It was agreed that I should write home about* my adventures in letters to McArdle. These should either be edited for the Gazette as they arrived, or held back* to be published later, according to the wishes of Professor Challenger. We tried calling him three times to ask him, but each time he responded* angrily.

I am writing these last lines in the saloon* of the Booth liner Francisca, and they will go back to Mr. McArdle. Let me draw one last picture before I close the notebook. It is a wet, foggy morning in the late spring; a thin, cold rain is falling. Professor Summerlee, a long, melancholy* figure,* walks with dragging steps and drooping* head. He is already sorry he is going on this trip. Lord John Roxton walks quickly, and his thin, eager face is smiling. Suddenly, just as we reach the boat we will travel in, there is a shout from behind us. It is Professor Challenger, who promised to see us off.* He runs after us.

"I have only a few words to say to you. Do not think that I owe you anything for making this journey? Truth is truth, and nothing which you can report can affect it in any way. My directions for you are

---

write home about ~을 특별히 내세워 언급하다   **hold back** 제지하다, 저지하다   **respond** 응답하다, 반응하다   **saloon** 특실, 큰 방   **melancholy** 우울한, 침울한   **figure** 모습, 형체   **droop** 아래로 처지다   **see off** 배웅하다

in this sealed envelope. You will open it when you reach a town upon the Amazon which is called Manaos, but not until the date and hour which is marked upon the outside. Have I made myself clear? No, Mr. Malone, I will not stop you from writing about your journey. But you must not give exact directions, and nothing may be actually published until your return.

"Goodbye, sir. You have made me like reporters a little bit more. Goodbye, Lord John. You do not understand science, but I hope you enjoy hunting. And goodbye to you also, Professor Summerlee. I hope that it is possible for you to return to London a wiser man."

And so he left us. God bless all we leave behind us, and send us safely back.

Tomorrow We Disappear into the Unknown

원정대는 호화로운 여행을 하며 무사히 남미에 도착하고
이들은 원정을 도와 줄 인디언들을 안내인과 짐꾼으로 고용한다.
마나오스에서 내륙으로 더 들어가려는 찰나
느닷없이 챌린저 교수가 나타나 원정대에 합류하겠다고 한다.

I will not bore readers by telling you about our luxurious* trip on the boat to South America, nor will I tell of our week's stay at Para. We traveled up the river in a steamboat* only a little smaller than that

---

luxurious 화려한, 사치스러운   steamboat 증기선

which had carried us across the Atlantic. Eventually, we reached the town of Manaos. Here we met Mr. Shortman, the representative* of the British and Brazilian Trading Company. It was here that we finally opened the letter of instructions given to us by Professor Challenger.

Before I reach the surprising events of that date, I would like to describe my companions. I will speak honestly, Mr. McArdle, since you will edit my words before you publish them.

Professor Summerlee is, of course, a well-known scientist. He is stronger than I expected. His thin old body never gets tired, and his sarcastic* personality never seems to change. Though in his sixty-sixth year, I have never heard him complain. His endurance* is as great as my own and he is naturally skeptical.* From the beginning he has made it clear that he doesn't believe Professor Challenger at all.

Since landing from the boat, he spends his days walking through the woods with his shotgun and his butterfly net, collecting plants and animals. He rarely bathes himself. He is forgetful and always smoking.

Lord John Roxton is twenty years younger than Summerlee, but he is also thin and rough-looking. He is extremely* neat* and clean, and always dresses with great care. Like most men of action, he is usually quiet, but he is always ready for conversation. His knowledge of the world, and very especially of South America, is surprising, and he truly believes Professor Challenger. He has a gentle voice and a quiet manner, but he has great anger and

---

representative 대표 **sarcastic** 냉소적인, 반정대는 **endurance** 인내심
skeptical 회의적인 **extremely** 극도로 **neat** 단정한

passion* behind his eyes. Because of how he stood up against slave traders* in the past, the river natives see him as their champion and protector.*

Lord John had found himself some years before in that no-man's-land between Peru, Brazil, and Columbia. In this great area the wild rubber* tree grows, and it has become a curse* to the natives because they are forced to work on rubber tree plantations.* A few villainous* half Spanish and half Indian men dominated* the country, and turned the rest of the people into slaves. They terrorized* and tortured* the people. Lord John Roxton spoke out against the slavery.* He then formally* declared war against Pedro Lopez, the leader of the slave drivers. He formed a band of runaway* slaves, gave them weapons,* and killed Pedro.

Because of this past, he can talk fluently

in the Lingoa Geral. This language is spoken by one-third Portuguese and two-thirds Indian, and all over Brazil.

Lord John loves South America. He talks about the continent in a way that made even Summerlee smile sometimes. He often tells of the history of the mighty river.

"What is there?" he sometimes cries, pointing to the north. "It's woods and marsh and unexplored* jungle. Who knows what it may shelter? And there to the south? A wilderness* of swampy forest, where no white man has ever been. The unknown is up against us on every side. Outside the narrow lines of the river what does anyone know? Who will say what is

---

passion 열정   **trader** 상인, 무역업자   **protector** 보호자   **rubber** 고무   **curse** 폐해, 골칫거리   **plantation** 대농장   **villainous** 악랄한   **dominate** 지배하다   **terrorize** 공포에 떨게 하다   **torture** 고문하다   **slavery** 노예제   **formally** 공식적으로   **runaway** 도망친   **weapon** 무기   **unexplored** 아직 탐험되지 않은   **wilderness** 황무지, 미개지

possible in such a country? Why should old man Challenger not be right?"

Those are my white companions. But we also travel with other men. The first is a gigantic* African named Zambo, who is as strong as Hercules. We also hired* Gomez and Manuel, two half Indian and half European men from up the river. They are as fierce and active as panthers.* Both of them have spent their lives in those upper waters of the Amazon. One of them, Gomez, can speak excellent English. These men are willing to act as our personal servants for fifteen dollars a month.

Besides these, we met three Mojo Indians from Bolivia, who are the most skillful at* fishing and boat work of all the river tribes. The leader is called Mojo, after his tribe, and the others are known as Jose and Fernando.

We were two miles inland* from the town of Manaos. On the ground outside was the yellow sunshine, with the shadows of the palm trees. The air was calm, full of the eternal* hum of insects, from bees to mosquitoes. In the garden, great blue butterflies and the tiny hummingbirds* flew around the flowers. We all sat around a table, looking at the envelope with Challenger's letter. It read:

"Instructions to Lord John Roxton and party. To be opened at Manaos on July 15th, at 12 o'clock precisely.*"

Lord John had placed his watch upon the table beside him.

"We have seven more minutes," he said.

Professor Summerlee picked up the envelope.

---

gigantic 거구의   hire 고용하다   panther 표범   be skillful at ~에 능숙하다   inland 내륙   eternal 끊임없는   hummingbird 벌새   precisely 정확하게

"What can it possibly matter whether we open it now or in seven minutes?" he said. "This is all nonsense."

"Oh, come, we must play the game* according to the rules," said Lord John. "It's old man Challenger's show."

"It's ridiculous!" cried the Professor bitterly. "If there are no exact directions in this envelope, I will be on the next boat back to London. Now, Roxton, surely it is time."

"Time it is," said Lord John. He picked up the envelope and cut it with his penknife. From it, he drew a folded* sheet of paper. This he carefully opened out and flattened* on the table. It was a blank* sheet. He turned it over. Again it was blank. We looked at each other in silence, which was broken by a burst* of laughter from Professor Summerlee.

"He is admitting* to lying," he cried.

"What more do you want? Now let's go home and tell everyone that he is a shameless liar."

"Invisible* ink!" I suggested.

"I don't think so!" said Lord Roxton, holding the paper to the light. "Nothing has ever been written upon this paper."

"May I come in?" boomed a voice from the veranda.

The shadow of a short figure appeared in the sunlight on the ground. We all knew that voice! We jumped to our feet with a gasp of astonishment as Challenger, in a straw hat with a colored ribbon with his hands in his jacket pockets appeared before us. There he stood with his long black beard and half-closed eyes.

"I fear that I am a few minutes too late. When I gave you this envelope, I did

---

play the game 정정당당하게 행동하다 **fold** 접다 **flatten** 평평하게 하다
blank 텅 빈 **burst** 폭발, 격발 **admit** 인정하다 **invisible** 보이지 않는

not mean for you to open it. I meant to arrive an hour earlier. Because I am late, Summerlee has had the chance to call me a liar."

"It is a relief for us to see you here. It seemed that our journey was going to end too early. But I don't understand why you decided to join us in this way," said Lord John.

Instead of answering, Professor Challenger entered, shook hands with me and Lord John, bowed to Professor Summerlee, and sat in a basket chair.

"Is all ready for your journey?" he asked.

"We can start tomorrow."

"Then so you shall. You need no map or directions now, since you will have me to guide you. My intelligence* and advice is better than any map. I gave you the envelope because I did not want to feel pressure* to have to travel with you."

"Not from me, sir!" exclaimed* Professor Summerlee. "As long as there is another ship available, I would travel on it without you."

Challenger waved him away with his great hairy hand.

"I would rather appear at the exact moment that I am needed. You are in safe hands. You will not now fail to reach your destination.* From now on I take command of this journey, and I must ask you to complete your preparations tonight so that we may be able to make an early start in the morning. My time is important. We must try to get there as fast as possible."

Lord John Roxton has arranged* a large steamship, the Esmeralda, which was to carry us up the river. Because of

---

intelligence 지능 pressure 압력, 부담 exclaim 외치다 destination 목적지 arrange 마련하다, 준비하다

the climate,* we had to plan our trip. The temperature ranges from thirty-five to fifty degrees Celsius* both summer and winter, with no noticeable* difference in heat. However, from December to May is the rainy season. During this time, the river slowly rises to a height of nearly forty feet above its low-water mark. It floods the banks and a large part of the land, which is called the Gapo. The water makes it impossible to travel by foot in the Gapo, but it is also too shallow for a boat.

About June the waters begin to fall, and are at their lowest in October or November. Thus our expedition was at the time of the dry season. The current* of the river is not strong. It is easy to sail because the wind comes from the southeast, and sailing boats may make a continuous* progress* to Peru. In our own case, the excellent engines of the Esmeralda could push the boat faster than the slow current of the river, and we quickly traveled up the river.

For three days, we went northwestwards up the river, which even here, a thousand miles from its mouth, was still so enormous. On the fourth day after leaving Manaos, we turned into a tributary* which at its mouth was little smaller than the main stream. It narrowed quickly, however, and after two more days' ride we reached an Indian village. Here Professor Challenger said that we should land, and that the Esmeralda should be sent back to Manaos.

We should soon come upon rapids,* he explained, which would make using the large boat impossible. He added privately*

---

climate 기후 **Celsius** 섭씨 **noticeable** 뚜렷한, 눈에 띄는 **current** 흐름, 물살 **continuous** 계속적인 **progress** 진행 **tributary** (강의) 지류 **rapids** 급류 **privately** 은밀하게

that we were now approaching the door of the unknown country. The fewer people we took with us, the better. He also made each of us give our word of honor that we would publish or say nothing which would give any exact directions to where we were. The servants were also told to promise. It is for this reason that I will not describe too many details about where we were. I could draw an accurate* map, but I would change the directions, so a reader would not be able to find the place. I don't know if Professor Challenger's reasons for keeping everything a secret are good. However, if I don't keep it secret, he will no longer guide us.

It was August 2nd when we said goodbye to the Esmeralda. Since then four days have passed, during which we have gotten two large canoes from the Indians. They were made of a light material* (skins over a bamboo* framework*), so we should be able to carry them around. We have packed these with our supplies,* and have two additional* Indians to help us.

I understood that they were the two—Ataca and Ipetu by name—who went with Professor Challenger upon his previous* journey. They appeared to be terrified of repeating the journey. Yet the Chief of their village forced them to go, so they have no choice.

So tomorrow we disappear into the unknown. This account* I am sending down the river by canoe, and it may be our last word to those who are interested in our fate. I have addressed it to you, my dear Mr. McArdle. So you may delete*

---

accurate 정확한 **material** 재료 **bamboo** 대나무 **framework** 뼈대 구조 **supplies** 비품 **additional** 부가적인 **previous** 이전의 **account** 설명, 보고 **delete** 삭제하다

or change anything you want to. Despite what Professor Summerlee thinks, I have no doubt that our leader will keep his promise. We are about to see some amazing things.

Chapter 08

The Outlying* Pickets* of the New World

원정대는 선사 시대의 생물을 찾아 아마존 강을 따라 이동한다.
챌린저 교수는 멀리서 익룡을 발견하고 일행에게 알려 주지만
서멀리 교수는 이를 인정하지 않고 냉소적인 태도를 유지한다.

We have reached our goal. So far everything that Challenger has told us has been true. We haven't yet climbed over the plateau,* but we can see it. Even Professor Summerlee has become quieter. He still

---

outlying 외딴, 외진 **picket** 초소 **plateau** 고원

will not admit that Challenger is right. We are sending home one of our local Indians who is injured, and I am sending this letter with him.

When I wrote last, we were about to leave the Indian village. The Professors continued to argue through the whole journey. Gomez, the half Indian man who speaks English, is a fine worker, but he is too curious. On the last evening, he hid near our hut and listened to us discuss our plans. Zambo saw him, and he was dragged out and carried to us. Gomez took out his knife, but Zambo managed to take it from him. The two men were forced to shake hands and apologize.

The Professors are like two children. One is whiny* and cranky* while the other is too strong. They each have great scientific brains, but a man who has a great brain doesn't always have a great character.

The very next day we started our journey. We found that all our possessions fitted very easily into the two canoes. We divided into two teams of six, putting one professor into each canoe. Personally, I was with Challenger. His mood was like sunshine, but I had already seen what happened when his mood became stormy. I could never feel bored or comfortable around Challenger.

For two days, we made our way up the river. This part was clear enough for us to see the bottom. Some parts of the river are clear like this, while other parts have clay in them that make the whole river thick and white-colored. Twice we came across rapids, and in each case we avoided them.

---

whiny 불평하는, 짜증내는   **cranky** 괴짜의, 골을 잘 내는

The woods on either side had tall trees but few bushes and other short plants, so we could easily carry our canoes through them. How shall I ever forget the mystery of the woods? The trees were even taller and thicker than this boy from the city could have ever imagined. The leaves on the top made a thick roof through which only a little sunlight could come.

As we walked noiselessly* through the trees, we all became quiet. The scientists with me told me the names of all the great plants growing here. So many of the plants that we use for medicine* and other things come from these great forests.

Wonderful colored lichens* of deep red, blue, and gold, grew in star patterns all over the trees. I felt like I were in a fairy land. In these great forests, every plant grows upward, searching for sunlight. Every plant, even the smaller ones, climbs around a bigger and taller plant.

No animals moved on the ground near us, but there was constant movement far above our heads. Snakes, monkeys, birds and sloths,* lived in the sunshine, and looked down in wonder at our tiny figures traveling in the darkness. At dawn and at sunset the howler* monkeys screamed together and the parrots squawked,* but during the hot hours of the day only the insects hummed. Every once in a while,* we saw an anteater* or a bear moving in the shadows on the ground.

And yet there were humans living near us. One time, we heard a new hum in the woods. Our Indian companions froze with fear.*

"What is it, then?" I asked.

---

noiselessly 조용히　**medicine** 약　**lichen** 꽃이끼　**sloth** 나무늘보　**howler** 짖는 짐승　**squawk** (새가) 꽥꽥 울다　**every once in a while** 이따금씩　**anteater** 개미핥기　**freeze with fear** 공포로 얼어붙다

"War drums. I have heard them before," said Lord John.

"Yes, sir, war drums," said Gomez. "Wild Indians are watching us. They want to kill us."

"How can they watch us?" I asked.

Gomez shrugged.

By the afternoon of that day we could hear at least six or seven drums from different directions. Sometimes they beat quickly, sometimes slowly. They seemed to be speaking to each other. The sound made us all nervous.*

"We will kill you if we can," the drums seemed to say over and over again. "We will kill you if we can," said the men in the east. "We will kill you if we can," said the men in the north.

All day the drums whispered. Only Summerlee and Challenger seemed not to care. I guessed that their brains were too busy thinking about scientific things to care about fear. All day they continued to watch the birds and the plants. Only once did they talk about the drums.

"Miranha or Amajuaca cannibals,*" said Challenger.

"No doubt, sir," Summerlee answered. "Like all such tribes, I expect that their ancestors are Asian."

"I don't agree with that theory about their ancestors."

"Even simple scientists know that theory* is true," said Summerlee bitterly.

They glared at each other bitterly. "We will kill you…we will kill you if we can," the drums in the distance continued to beat.

That night we waited to be attacked, but no one came. We left the next morning,

---

nervous 불안해하는, 긴장하는 **cannibal** 식인종 **theory** 이론

and the drumming became quieter. About three o'clock in the afternoon, we came to a very steep* rapid, more than a mile long. The Indians carried first our canoes and then our supplies through the woods, which is very thick at this point. We four whites, our rifles on our shoulders, walked between them. Before evening, we had successfully passed the rapids.

The next day, we continued to travel. Suddenly, Challenger pointed at a certain tree growing at a strange angle.*

"What do you make of that?" he asked.

"It is surely an Assai palm," said Summerlee.

"Exactly. The secret opening* is half a mile onwards* upon the other side of the river. The trees will start to look different soon. Push through, and you will understand."

It was indeed a wonderful place. We

walked through some light green plants and came to a clear stream. From far away, no one could have guessed that this stream or fairy land existed.

The thick trees growing over this stream made a tunnel. The stream itself was clear as crystal, motionless as a sheet* of glass, and green as the edge of an iceberg. There were no signs of Indians, but we saw animals more often.

They were so tame and they must never be hunted by men. Little black-velvet monkeys, with snow-white teeth and yellow eyes, chattered* at us as we passed. A dark, clumsy* tapir* stared at us from a gap in the bushes. Even a yellow puma glared at us with hateful* green eyes. Tall birds, like herons* or storks* went fishing

---

steep 경사가 가파른 **angle** 각도 **opening** 입구 **onwards** 앞으로, 전방으로 **sheet** 층, 판 **chatter** 재잘거리다, (원숭이가) 깩깩거리다 **clumsy** 꼴사나운, 재바르지 못한 **tapir** 맥 **hateful** 악의 어린, 증오의 **heron** 왜가리 **stork** 황새

in the clear water. For three days, we made our way up this tunnel of hazy* green sunshine.

"No Indians come here," said Gomez. "They are too afraid of Curupuri."

"Curupuri is the spirit* of the woods," Lord John explained. "It's a name for any kind of devil.*"

On the third day, the stream was quickly growing shallower. That night, we slept in the woods and in the morning, Lord John and I explored further up the river. We found that we could no longer use our canoes. We hid our canoes behind some trees and plants, and then we distributed* our supplies among our different members to carry.

Professor Challenger began to order everyone around as though he were the leader. This angered Professor Summerlee.

"May I ask, sir, why do you think you

can order us all around?" Summerlee asked calmly.

Challenger glared.

"I do it, Professor Summerlee, as leader of this expedition."

"I am compelled to* tell you, sir, that I do not see you as my leader."

"So, who am I?"

"You are a man on trial. We are your judges."

"Oh dear! Well, then you lead the way. I will follow."

They continued to argue until Lord John and I mentioned Dr. Illingworth of Edinburgh, whom they both hated. This made them stop arguing for a time as they both complained about the hated scientist. We continued to walk and got to ground that was so wet and mossy* that we sank

---

hazy 안개가 자욱한 **spirit** 정령 **devil** 악마 **distribute** 분배하다, 나누다
be compelled to 할 수 없이 ~하다 **mossy** 이끼 낀

in it up to our knees. The mosquitoes here buzzed* in loud, noisy clouds.

On the second day after leaving our canoes, we began to walk up a hill and there were fewer trees. The thick, high trees of the Amazon were replaced* with palm trees and bushes. Professor Challenger and the Indians disagreed on the direction a few times, but we agreed to follow the Indians. Challenger was angry that we would follow "savages*" instead of* him, but finally he admitted that the Indians were actually right.

The road still went up, higher and higher. The trees became shorter and shorter, and the only flowers that grew were pink and white orchids.* There were small brooks* shaded by ferns,* where we could make camps. Blue fish swam in them, and we ate them for supper.

On the ninth day after leaving the

canoes, after walking about a hundred and twenty miles, we began to come out from the trees. We were surrounded by bamboo. They grew so thickly that we had to cut them down. It was tedious* and depressing* work. We traveled slowly, and all that I could see was the yellow wall of bamboo.

We could hear some animals in the distance. I do not know what kind of creatures lived in the bamboo forest, but several times we heard the sound of large, heavy animals quite close to us. From their sounds, Lord John judged them to be some form of wild cattle. At night, we finally rested after our long day.

Early next morning, we were again walking, and the land had changed again.

---

buzz 윙윙거리다 **replace** 대신하다 **savage** 야만인 **instead of** ~ 대신에 **orchid** 난초 **brook** 시내 **fern** 양치식물 **tedious** 지겨운, 지루한 **depressing** 낙담시키는, 우울한

Behind us was the wall of bamboo, like a great river. In front was an open plain,* sloping* slightly upwards. Large ferns grew on this land until it ended in a sharp cliff. We arrived here at noon, only to find a shallow valley beyond. This was the first of a number of hills that we had to cross. Something happened here.

Professor Challenger, who with the local Indians, stopped suddenly and pointed excitedly to the right. As he did so we saw, a mile or so away, something which appeared to be a huge gray bird take off and fly slowly from the ground. It was flying very low and straight until it was lost among the tree ferns.*

"Did you see it?" cried Challenger happily. "Summerlee, did you see it?"

Summerlee was staring at the spot where the creature had disappeared.

"What do you think that it was?"

Summerlee asked.

"I believe it was a pterodactyl."

Summerlee burst into laughter. "It was just a stork."

Challenger was too furious to speak. He simply continued on his march. Lord John walked next to me. He held a telescope.*

"I focused it before it got over the trees," he said seriously. "I don't know what that was, but I've never seen a bird like that in my life."

Are we really just at the edge of the unknown? Since then, nothing remarkable has happened, but that was strange.

And until now, my readers, I have described our journey. At last I could see the line of high red cliffs which I have seen

---

plain 평원 **slope** 경사지다, 기울어지다 **tree fern** 나무고사리 **telescope** 망원경

in the picture. There it lies, even as I write, and there can be no question that it is the same. Challenger is as proud as a peacock, but Summerlee is silent and still skeptical. Another day should bring some of our doubts to an end.* Jose's arm was injured by bamboo, so he decided to return home. I sent this letter with him, and I hope it finds a way back to England.

Chapter 09

Who Could Have Foreseen It?

원정대는 죽은 미국인 화가가 남긴 흔적을 따라
챌린저 교수가 익룡을 찾아 냈던 고원에 오른다.
그러나 앙심을 품은 인디언 짐꾼의 배신으로
그들은 고원에 갇히는 신세가 된다.

A dreadful* thing has happened to us. I cannot foresee* any end to our troubles. It may be that we must spend our whole lives in this strange place. I am still so confused that I can hardly think clearly.

---

bring ~ to an end ~을 끝내다 dreadful 무시무시한, 끔찍한 foresee 예견하다

No men have ever found themselves in a worse position.* Even if I could send you our exact position, by the time you found us, it would be too late. We are, in truth, as far from any human aid as if we were on the moon. We must rely on ourselves to survive.* I have, as companions, three remarkable men, men of great brainpower and of courage. There lies our one and only hope. They do not look afraid, and that gives me hope.

I will describe to you what happened.

When I finished my last letter, I stated that we were within seven miles from an enormous line of red cliffs, which went around the plateau of which Professor Challenger spoke. Their height seemed to be more than a thousand feet in some parts. We could see plants growing on top of the great cliffs, but we saw no animal life.

That night, we pitched our camp* right under the cliffs. The cliffs looked impossible to climb. Close to us was a pyramid-shaped rock with the one tree growing on the top. Compared to the other cliffs, this was lower, only about five to six hundred feet.

"It was on that," said Professor Challenger, pointing to this tree. "That is where I shot the pterodactyl."

As Challenger spoke of his pterodactyl, I glanced at Professor Summerlee, and for the first time I seemed to see some signs that he was starting to believe Challenger's story. He had a look of excitement and amazement. Challenger saw it, too and smiled proudly.

In the morning, we ate breakfast and

---

position 위치, 장소 **survive** 살아남다, 생존하다 **pitch camp** 야영하다

discussed how to climb up to the plateau. Challenger seemed to act like some great judge as he watched us discuss our plan. I was young and covered with sunburn but still full of energy. Summerlee quietly smoked his pipe. Lord John leaned upon his rifle, eagerly watching everyone. Behind us, the other men waited.

"Last time I was here, I wasted all my supplies climbing that pyramid rock," said Challenger. "I could not find any way to go further up. What, then, shall we do now?"

"There seems to be only one reasonable course," said Professor Summerlee. "If you have explored the east, we should travel along the base* of the cliff to the west, and seek a way to go up."

"That's it," said Lord John. "This plateau is probably not very big, and we shall travel around it until we find an easy way up."

"I have already explained to our young friend here that there can be no easy way up, otherwise the great animals living up there would have come down," said Challenger. He always talked about me as if I was a little boy. "Yet I admit that there might be places where an expert human climber could climb, but a big animal would be unable to come down."

"How do you know that, sir?" asked Summerlee sharply.

"Because the American Maple White, actually made the climb. How otherwise could he have seen the monster which he sketched in his notebook?"

"I admit that your plateau exists, but I still do not believe in your monsters."

"I don't care what you think. Look now!" He grabbed Summerlee and forced

---

base 기슭

him to look up at the plateau. "Now sir!" he shouted. "Do you now agree that the plateau contains animals?"

Looking up, we could see a huge black snake with a flat head. The sunlight reflected off* its shiny skin for a few moments, and then it went back into a cave and disappeared.

Summerlee stared at this animal for a few moments and then finally shook free of Challenger's hands.

"Next time, do not grab me. It is just an ordinary* rock python.*"

"Still, it proves that there is life up there. So we should go to the west until we find a way up."

We walked slowly over the rocky land until we found an old camp. There were some old camps of meat and pieces of a newspaper called "The Chicago Tribune."

"Not mine," said Challenger. "It must be

Maple White's."

Lord John had been gazing curiously at a great tree fern.

"Look at this."

A slip* of hard wood had been nailed to the tree that pointed to the west.

"This is probably a sign left by Maple White," said Challenger. "We should follow it."

Immediately, we found a patch* of very high sticks of bamboo. The tops were sharp like spears.* Suddenly, we saw something white and shining inside the bamboo. I looked inside and found a whole human skeleton.*

The Indians cut down the bamboo so that we could examine the body. A gold watch with the words "Hudson, New York" on it was around the skeleton's

---

reflect off ~을 비추다 **ordinary** 보통의, 일반적인 **python** 비단뱀 **slip** 가늘고 긴 조각 **patch** (땅의) 한 떼기 **spear** 창 **skeleton** 해골

neck. The metal* was not very rusty,* so the accident must have been somewhat recent.

"Who can he be?" asked Lord John. "Poor man! Every bone in his body seems to be broken."

"And the bamboo grows through his smashed ribs," said Summerlee.

"When I was trying to learn more about Maple White, I spoke to a priest* who had known the man. He told me that he was not alone at the time, but there was a friend, an American named James Colver. I think, therefore, that there can be no doubt that we are now looking upon the remains* of this James Colver," said Professor Challenger.

"It is also clear that he was thrown or he fell from that great cliff," added Lord John.

We all became quiet as we thought about Lord John's words. Had he merely fallen, or had someone thrown him?

We continued to travel in silence. In five miles, we saw no break in the great cliffs. And then suddenly we saw a white arrow drawn in chalk on one of the rocks. It still pointed to the west.

"Maple White again," said Professor Challenger. "I found chalk in his backpack."

We had proceeded* some five more miles when again we saw a white arrow upon the rocks. It pointed for us to continue our path up. The walls on either side of us had become very high, and we were very hungry. We ordered the Indians to build a camp as we four white men and the half Indian men continued to travel a little further.

We came to a great gorge* of about forty

---

metal 금속 **rusty** 녹슨 **priest** 성직자 **remains** 남아 있는 것, 유물
proceed 나아가다 **gorge** 협곡, 골짜기

feet. There was no way we could climb up or down this. Suddenly, Lord John saw what looked like the opening of a cave. It wasn't difficult to climb up to this cave. We looked inside and found another white arrow. Here was the point at which Maple White and his friend climbed up.

We were too excited to return to the camp. Lord John lit a torch* and we followed behind him into the cave. The cave was filled with round stones and was probably made by water. It was so small that we could only travel by bending our backs. For fifty yards it ran almost straight into the rock, and then it went up at a forty-five degree angle. We had to travel up on our hands and knees. Suddenly, Lord John yelled.

"It's blocked!" he said. "The roof has fallen in!"

In vain,* we tried to pull away some

of the rocks. It seemed that the road by which Maple White had gone up was no longer available.* We went back down the dark tunnel and made our way back to the camp.

We gathered in a small group below the entrance to the cave, when a huge rock rolled suddenly downwards. We had to jump out of the way just in time. How could the rock have fallen on its own? Someone had thrown the rock at us. We hurried back to our camp. Our trip was more dangerous than we expected, but how could we return to London without exploring the plateau?

On discussing the situation, we decided to keep moving west until we found some other way to go up. The next day, we marched on for twenty-two miles without

---

torch 횃불 **in vain** 헛되이 **available** 이용할 수 있는

ever finding another way up. Because the path continued to go up, we were now three thousand feet above sea level. The air was cooler, and the insects no longer flew around our heads constantly.

That night, something great and wonderful happened to us.

You will realize as you read it, my dear Mr. McArdle, that our trip was not in vain. A great story shall be written for our paper! But I do not want you to publish this story until I can bring back proof of our adventures.

What occurred was this. Lord John had shot an agouti—which is a small, pig-like animal. The Indians cooked one half while we cooked the other half. There is a chill* in the air after dark, and we had sat close to the fire. The night was moonless, but there were some stars, and one could see for a little distance across the plain. Well, suddenly in the darkness of the night, something flew past us like an airplane.

The whole group of us were covered for an instant by leathery wings. For a brief moment, I saw a long, snake-like neck, a fierce, greedy, red eye, and a great beak. The next instant it was gone—and so was our dinner. It was Summerlee who was the first to speak.

"Professor Challenger, I owe you an apology. Please forgive and forget what I have said."

For the first time the two men shook hands. We may have lost our supper, but at least the two men finally became friends.

We did not see any prehistoric life for the next three days. We crossed stony

---

chill 냉기, 한기

deserts and wet marshes. Often we had to travel through slime* up to our waists in swamps. We also saw many Jaracaca snakes, the most dangerous in South America. Again and again we had to shoot them. I will always have nightmares about one swamp where there seemed to be a whole nest of them. I shall always remember looking back when we ran from the place and they chased us. On our map, we named the place Jaracaca.

The cliffs were now brown instead of red and they were three hundred or four hundred feet lower, but still we could find no place to climb up.

"Surely, the rain must find its way down somehow. This might cut a path for us."

"Our young friend has moments of wisdom," said Professor Challenger, patting me upon the shoulder.

"The rain must go somewhere," I

repeated.

"If it does not come outwards, it must run inwards."

"And there is a lake in the center."

"It is more than likely that the lake may be an old crater,*" said Summerlee. "I expect to find the surface* of the plateau slope inwards with water in the center. This may drain off,* by some underground tunnel, into the marshes of the Jaracaca Swamp."

On the sixth day, we completed our first circle of the cliffs, and found ourselves back at the first camp, beside the pyramid rock. We were depressed as none of us could think of a way to climb up.

What were we to do now? Eventually our food would run out.* And the rock was too hard to cut through. When I went

---

slime 점액, 끈적끈적한 물질 **crater** 분화구 **surface** 표면 **drain off** (물 등을) 빼내다 **run out** (다 떨어져) 바닥이 나다

to sleep that night, Challenger was sitting in front of the fire like a monstrous bullfrog by the fire, his huge head in his hands.

But it was a very different Challenger who greeted us in the morning. He smiled, full of pride.

"Eureka*!" he cried, his teeth shining through his beard. "Gentlemen, you may congratulate me and we may congratulate each other. The problem is solved."

"You have found a way up?"

"And where?"

For his answer, he pointed to the pyramid rock upon our right.

Of course we knew that we could climb it, but there was a huge gap* between the top of that rock and the plateau.

"We can never get across," I gasped.

"We can at least all reach the top," he said. "Once we are there, we can plan how we will get across."

After breakfast, we prepared our climbing gear.* The other men were experienced climbers, but I was strong and energetic.

It was not really very hard to climb, but it was scary.* The rock became steeper and steeper. We clung with our fingers and toes. Somehow Challenger was able to climb to the top first and pull us up. Finally, we were on top of the small summit* of this great rock.

From up this high I could see all of the land that we had just traveled; the large light green plain, the yellow bamboo forest, and the thick dark green forest behind that.

I was still staring out at this beauty when the heavy hand of the Professor fell upon my shoulder.

---

eureka 유레카, 바로 이거야   **gap** 틈, 격차   **gear** 장비   **scary** 무서운
summit 정상

"This way, my young friend," he said. "Never look back. Always look forward."

It was about forty feet between the top of this rock and the plateau. I placed one arm around the trunk of the tree and leaned over the great gap. Far down were the small dark figures of our servants, looking up at us.

"This is indeed curious," said the voice of Professor Summerlee.

I turned, and found that he was examining with great interest the tree to which I clung. That smooth bark and those small leaves seemed familiar to my eyes. "Why, it's a beech*!" I cried.

"Exactly," said Summerlee.

"This beech tree will save us," said Challenger.

"Of course!" cried Lord John. "We can use it as a bridge!"

"Exactly, my friends, a bridge! It seemed

hopeless last night, but a man thinks best when everything is hopeless! A bridge had to be found which could be dropped across the gap. Look at it!"

It was certainly a brilliant* idea. The tree was a good sixty feet in height, and if it only fell the right way it would easily cross the chasm.* Challenger handed me an ax.

"Our young friend should cut down the tree exactly as I tell him."

Under his direction, I cut the tree in a way to make it fall the way we wanted it to. After a while, Lord John helped me. In a little over an hour, there was a loud crack,* and the tree fell over. It rolled, and for a second we thought we lost the tree, but it stopped in the perfect spot.

All of us, without a word, shook hands with Professor Challenger.

---

beech 너도밤나무 **brilliant** 훌륭한 **chasm** 깊고 넓은 틈, 공백 **crack** 균열, 갈라진 틈

"I want to be the first to walk into this land."

He had approached the bridge when Lord John laid his hand upon his coat.

"I really cannot allow it."

"Cannot allow it, sir!" Challenger growled.

"I am a soldier. We don't let men travel into a new country they know nothing about. It might not be safe."

Challenger shrugged his huge shoulders.

"Well, sir, what do you want to do instead?"

"For all I know there may be a tribe of cannibals waiting for lunchtime among those very bushes," said Lord John, looking across the bridge. "We need to be careful. Malone and I will go down again, therefore, and we will get the four rifles, together with Gomez and the other. One man can then go across and the rest will wait until he says it is safe."

Challenger sat down upon the cut stump* and grew his impatience.* Lord John and I climbed down and brought up the rifles and shotgun.* The half Indian men also came up, and under Lord John's orders, they had carried up some supplies.

"Now, Challenger, you can be the first man to cross," said Lord John when every preparation was complete.*

"I am so glad you gave me permission," said the angry Professor.

He sat on the trunk with one leg on either side and climbed across the tree to the other side. He stood up and waved his arms in the air.

"At last!" he cried.

I gazed anxiously at him. Would some

---

stump 그루터기, 밑동   impatience 조바심, 성급함   shotgun 산탄총
complete 완성한

monster jump out and eat him? But all was quiet, except a strange, many-colored bird flew up from under his feet and vanished among the trees.

Summerlee was the second. He took two rifles on his back. I came next, and tried hard not to look down into the horrible chasm over which I was passing. As to Lord John, he walked across! He must have nerves of iron.*

And there we were, the four of us, upon the dreamland, the lost world of Maple White. To all of us, it seemed the moment of triumph.* Who could have guessed that soon we would face disaster*? We had walked about fifty yards when there came a frightful crash* from behind us. Together we rushed back the way that we had come. The bridge was gone!

Far down at the base of the cliff I saw, as I looked over, branches and broken trunk.

It was our beech tree. Had the edge of the rock crumbled* and it fell? For a moment this explanation was in all our minds. Then we saw the face of Gomez. Yes, it was Gomez. He no longer had a shy smile. His face was filled with the mad joy of revenge.*

"Lord Roxton!" he shouted. "Lord John Roxton!"

"Well, here I am."

We heard his shriek* of laughter.

"Yes, there you are, you English dog, and there you will remain! I have waited and waited, and now has come my chance. You found it hard to go up; you will find it harder to go down. You cursed fools, you are trapped, every one of you!"

We were too astounded* to speak.

---

have nerves of iron 대담하다 **triumph** 승리 **disaster** 재해, 재난 **crash** 쿵 하는 소리 **crumble** 바스러지다, 무너지다 **revenge** 복수 **shriek** 비명, 새된 소리 **astounded** 몹시 놀란

We could only stand there staring in amazement.

"We nearly killed you with a stone at the cave," he cried. "But this is better. It is slower and more terrible. As you lie dying, think of Lopez, whom you shot five years ago on the Putumayo River. I am his brother, and I will die happy now because I have my revenge."

A furious hand was shaken at us, and then all was quiet.

If Gomez had simply gotten his revenge by destroying the bridge and left, he would have escaped. However, he tried to be dramatic.* Lord John was not a man you could safely taunt.* Gomez had begun to climb down off of the rock, but before he could reach the ground Lord John had run along the edge of the plateau. There was a single crack of his rifle, and, though we saw nothing, we heard the scream and heard the thud* of the falling body. Roxton came back to us with a stone face.

"I have been a fool," he said bitterly. "It's my mistake that has brought you all into this trouble. I should have remembered that these people have long memories, and have been more upon my guard.*"

"What about the other one? It took two of them to push the tree over the edge."

"I could have shot him, but I let him go. He may have had no part in it. Perhaps it would have been better if I had killed him, for he must, as you say, have helped."

Now that we knew that Gomez hated us, we remembered the clues that we had missed. We remembered how he looked at us hatefully sometimes and how Zambo had caught him spying on* us. We were still discussing it when we noticed

---

dramatic 극적인 taunt 조롱하다, 놀리다 thud 쿵 하는 소리 upon one's guard 조심하여 spy on ~을 염탐하다

something happening.

A man in white clothes, who could only be Gomez's friend, was running for his life. Behind him by only a few yards was Zambo. Even as we looked, he sprang upon the back of the man and flung* his arms around his neck. They rolled on the ground together. An instant afterwards Zambo rose, looked at the dead man, and then, waving his hand joyously* to us, came running in our direction. The white figure lay motionless in the middle of the great plain.

Our two traitors* had been destroyed, but we could not change what they had done. By no possible means* could we get back to the pyramid rock. We had been natives of the world; now we were natives of the plateau. The two things were separate and apart. One instant had altered* our whole lives.

My comrades* became quiet and thoughtful, for at the moment, we could only sit among the bushes in patience and wait for Zambo to come. Finally, he climbed up the pyramid rock and shouted to us.

"What do I do now?" he cried. "You tell me and I do it."

It was a question which it was easier to ask than to answer. Only one thing was clear. He was our one trusty link* with the outside world. He must not leave us.

"No, no!" he cried. "I will not leave you. Whatever happens, you always find me here. But I am not able to keep the Indians. Already they said that too much Curupuri live in this place, and they went home."

It was a fact that our Indians had shown in many ways that they were weary of

---

fling 던지다, 내밀다 **joyously** 기쁘게 **traitor** 배신자 **by no means** 결코 ~이 아닌 **alter** 바꾸다 **comrade** 동료 **link** 고리, 연결

their journey and anxious to return. We realized that Zambo spoke the truth, and that it would be impossible for him to keep them.

"Make them wait till tomorrow, Zambo," I shouted. "Then I can send a letter back by them."

"Very good, sir! I promise they will wait till tomorrow," said Zambo. "But what do I do for you now?"

There was plenty* for him to do, and the faithful* man did it. First of all, under our directions, he undid* the rope from the tree stump and threw one end of it across to us. It was not thicker than a clothes line,* but it was of great strength. Though we could not make a bridge out of it, we might need it for climbing. He then fastened* his end of the rope to the package of supplies which had been carried up, and we were able to drag it across. This gave us supplies for at least a week, even if we found nothing else.

Finally, he went down and carried up two other packs of mixed goods, including a box of ammunition* and a number of other things. It was evening when he at last climbed down, promising he would keep the Indians till next morning.

And so I have spent nearly the whole of our first night upon the plateau writing up our experiences by the light of a single candle.

We ate and camped at the very edge of the cliff. We needed to find water soon, but we thought—even Lord John—we had had enough adventures for one day. We tried not to make any noise, so we did not make a fire.

---

plenty 많음, 다수 **faithful** 충직한 **undo** (묶인 것을) 풀다 **clothes line** 빨랫줄 **fasten** 동여매다, 꽉 묶다 **ammunition** 탄약

Tomorrow we shall make our first adventure into this strange land. When I shall be able to write again—or if I ever shall write again—I know not. Meanwhile, I can see that the Indians are still in their place, and I am sure that the faithful Zambo will be here soon to get my letter. I only trust that it will reach you.

P.S.—The more I think, the more desperate* our position seems. I see no possible hope of our return. If there were a high tree near the edge of the plateau we might drop a return bridge across, but there is none within fifty yards. Our united* strength could not carry a trunk. The rope, of course, is far too short. No, we are hopeless—hopeless!

The Most Wonderful Things Have Happened

원정대는 고원에서 선사 시대의 생물들을 발견한다.
호기심을 참지 못한 챌린저 교수는
익룡 둥지 앞에서 머리를 불쑥 내밀어
일행 모두를 위험에 처하게 만든다.

On the morning after our being trapped upon the plateau, bad things began to happen. I woke up from a morning nap and looked at my leg. On this there rested a large, purplish* grape. Astonished at the

---

desperate 절망적인, 필사적인 **united** 단결한 **purplish** 보랏빛의

sight, I leaned forward to pick it off. To my horror, it burst* between my finger and thumb, squirting* blood in every direction. My cry of disgust had brought the two professors to my side.

"It is most interesting! An enormous blood-tick,* as yet, I believe, unclassified.*"

"We should call this animal Ixodes Maloni. Although you were bitten, you will be remembered forever for discovering this creature. It's too bad that you crushed* this creature!"

"It's disgusting!" I cried.

Professor Challenger raised his great eyebrows, and placed a hand upon my shoulder.

"You should think more like a scientist," he said. "To me, the blood-tick, with its knife-like mouth and stretching* stomach,* is as beautiful a work of nature as the peacock. Don't insult it. Hopefully we will find another one."

"There can be no doubt of that, for one has just disappeared behind your shirt-collar," said Summerlee.

Challenger jumped into the air, bellowing like a bull, and tore at* his coat and shirt to get them off. Summerlee and I laughed. Finally, we pulled off his shirt. His body was covered with black hair, out of which we picked the wandering tick before it had bitten him. The bushes around were full of the horrible pests,* and it was clear that we must move our camp.

But first of all, it was necessary to speak to Zambo. He appeared on the pyramid rock with a number of tins of cocoa and biscuits, which he tossed over to us. He was ordered to keep enough supplies for

---

burst 터지다, 파열하다   **squirt** 분출시키다, (액체가) 찍 나오다   **blood-tick** 흡혈 진드기   **unclassified** 분류되지 않은   **crush** 짓뭉개다, 으스러뜨리다   **stretch** 늘이다, 늘어지다   **stomach** 배, 복부   **tear at** ~을 잡아 뜯다   **pest** 해충

himself for two months. The Indians were to have the remainder as a reward for their services and as payment for taking our letters back to the Amazon. Zambo occupied* our little tent at the base of the pyramid rock, and there he remained.

And now we had to decide where to go. We moved our camp to a small clearing* thickly surrounded by trees upon all sides. We sat on some rocks and planned our journey. Birds were calling but aside from* these sounds, there were no signs of life.

We were fairly well supplied.* Most important of all, we had our four rifles and one thousand three hundred rounds,* also a shotgun, but not more than a hundred and fifty bullets. We had enough food to last for several weeks, and a few scientific tools, including a large telescope and a magnifying glass.* We gathered all our things together, cut down some trees, and made a fort.*

It was noon when we finished building our fort. On this plateau it was not very hot. We sat under a large gingko tree.* In its shade,* we continued our discussion.

"So long as neither man nor beast has seen or heard us, we are safe," said Lord John. "From the time they know we are here our troubles begin. There are no signs that they have found us out as yet."

"But we must go on," I remarked.*

"Of course, but we must never go so far that we can't get back to our base. Above all, we must never, unless it is life or death, fire off our guns."

"But you fired yesterday," said Summerlee.

"Well, it couldn't be helped. By the way,

---

occupy 차지하다, 점유하다 clearing 공터 aside from ~을 제외하고 supply 공급하다 round (총알) 한 개 magnifying glass 돋보기 fort 요새 gingko tree 은행나무 shade 그늘 remark 말하다

what shall we call this place? I suppose it is up to us to give it a name?"

"It can only have one name," said Challenger. "It is Maple White Land."

We knew that we might meet some monsters. There might also be humans in this land. Our situation was clearly full of danger. Yet we had to continue to explore. We therefore blocked the entrance to our fort by filling it up with several thorny* bushes. We then slowly and cautiously set out into the unknown, following the course of a little stream.

As we traveled, Professor Summerlee recognized plants that had died out millions of years ago. We entered a region where the stream widened out and formed a swamp. High reeds swayed* in the wind. Suddenly Lord John, who was walking first, stopped.

"Look at this!" he said. "This must be the

trail* of the father of all birds!"

An enormous three-toed track* was in the soft mud before us. The creature, whatever it was, had crossed the swamp and had passed on into the forest. We all stopped to examine it. Its foot was so much larger than an ostrich*'s that its height must be enormous. Lord John looked eagerly around him and slipped two bullets into his rifle.

"That track is a fresh one. The creature passed less than ten minutes ago. Look, it has a baby, too!"

Sure enough, smaller tracks were running parallel* to the large ones.

"But what do you make of this?" cried Professor Summerlee, pointing to what looked like the huge print of a five-fingered human hand appearing among

---

thorny 가시가 있는　sway 흔들리다　trail 자국, 흔적　track 길　ostrich 타조　parallel 평행한

the three-toed prints.

His words died away into a whisper. We came to an opening* in the trees, and in this were five of the most extraordinary creatures that I have ever seen.

There were two adults and three young ones. In size they were enormous. Even the babies were as big as elephants. They had gray skin, which was scaled* like a lizard's and shimmered* where the sun shone upon it. All five were sitting up, balancing themselves upon their broad, powerful tails and their huge three-toed hind-feet. With their small five-fingered front-feet, they pulled down branches to eat.

I do not know how long we stayed gazing. The babies played around the bigger animals. The adults easily tore apart the trees with their great strength. Finally, the one began to walk off through the woods, followed by its mate* and its three enormous infants.* Then they vanished from our sight.

I looked at my comrades. Lord John was standing with his finger on the trigger* of his rifle. What would he not give for the head of one of those creatures! Yet he knew that it was unwise to make a sound. The two professors held hands and smiled like children.

"What will they say in England of this?" said Summerlee.

"My dear Summerlee, they will say that you are a liar, exactly as you and others said of me."

"What were those creatures?" asked Lord John.

"Iguanodons," said Summerlee. "Millions of years ago, they lived in England."

---

opening 공터 **scaled** 비늘이 있는 **shimmer** 은은하게 빛나다 **mate** 짝짓기 상대 **infant** 새끼, 유아 **trigger** 방아쇠

I was filled with fear. Is it true that these monstrous creatures which we just saw would probably not hurt anyone, but in this world of wonders what other ancient animals might live here? Could they be more dangerous?

We passed very slowly through the woods. At every second step, one of our professors would squeal* with wonder before some flower or insect. We may have traveled two or three miles when we came to an opening in the trees. We walked slowly toward some rocks among bushes which were taller than our waists, when we began to hear a low whistling sound.

Lord John made us stop, and then finally he motioned for us to continue. Slowly and carefully, we looked over the rocks. The place into which we gazed was a pit.* There were pools of green water. The place was a rookery* of pterodactyls. There were hundreds of them. Mothers cared for horrible-looking babies and yellow eggs. A terrible smell that made us sick came from this place.

But above, perched* each upon its own stone, sat the horrible males. Only their big red eyes moved. Their huge wings folded around their bodies in a way that made them look like old women wrapped in old blankets.

Then Challenger thrust his head over the rock and nearly brought destruction* upon us all. In an instant, the nearest male gave a whistling cry and began to fly. The females and young ones cuddled* together beside the water. All of the males began to fly. It was a wonderful sight to see at least a hundred creatures flying like seagulls.* At first they flew around in a huge ring. Then

---

squeal 탄성을 지르다 **pit** 구덩이 **rookery** 서식지, 무리 **perch** (새가) 앉다
destruction 파멸, 파괴 **cuddle** 껴안다 **seagull** 갈매기

they flew lower and lower, still screaming.

"Run toward the woods and keep together," cried Lord John.

When we tried to run, the tips of their wings nearly touched our faces. We beat them with guns. Then suddenly they began to pick us with their great beaks. Blood was coming out of Summerlee's face. Then I and Challenger were bitten. I heard the shot of John's rifle. The creatures were scared into flying higher again.

"Run!" cried Lord John.

We ran toward the woods, where we were safe. As we came back to our camp, injured, we could still hear the creatures flying above the trees. At last, however, as we reached the thicker woods they gave up the chase,* and we saw them no more.

But we could not rest at our camp. The gate of Fort Challenger had been untouched, the walls were unbroken, and yet it had been visited by some strange and powerful creature. The branch of the enormous gingko tree was broken. Our supplies were in a mess. Some of the meat was stolen and some of our tools were crushed and destroyed. We met Zambo at the pyramid rock.

His face and loyalty were comforting to us. Later that day as I rested, Lord John came to talk to me.

"Do you remember that place where those beasts were?"

"Very clearly."

"Did you notice the soil*?"

"It was a bluish* soil. It looked like clay. What of that?" I asked.

"Oh, nothing," he answered. I should have thought more about this comment before I went to sleep that night.

---

chase 추격 soil 토양, 흙 bluish 푸르스름한

For Once I Was the Hero

고원을 내려가는 길을 찾기 위해
말론은 높은 나무에 올라가 약도를 그리기로 한다.
나무 위에 올라간 말론은 원숭이와 비슷한 인간을 만나
깜짝 놀라 하마터면 나무에서 떨어질 뻔한다.

It seems that there was something toxic* in the bite of the pterodactyl. On the morning after our first adventure upon the plateau, both Summerlee and I were in great pain and fever. Challenger's knee was also in pain. We stayed at the camp all day as Lord John rebuilt our fort and made it stronger.

I had a very strong feeling that something was watching us. Challenger told me that it was just my fever that made me see things. I thought of the Indian legend of the Curupuri—the horrible spirit of the woods. I imagined that this creature was haunting* us.

That night—our third night in Maple White Land—something terrible happened. We were all sleeping around our fire when we heard the most frightful* cries and screams. There is no sound like it. It sounded like a whistle of a train, but deeper and in deep agony* and pain.* I covered my ears and began to sweat coldly as my heart beat quickly.

And then, under this high-pitched,* ringing sound there was another sound:

---

toxic 독성이 있는   haunt (귀신 등이) 따라다니다   frightful 소름 끼치는
agony 고뇌, 고통   pain 고통   high-pitched (음이) 아주 높은

a low, deep laugh. It sounded like a growling, happy devil. For three or four minutes the sound continued, and scared birds flew up to the trees. Then it suddenly stopped. For a long time we sat in horrified silence. Then Lord John threw a bundle of sticks upon the fire.

"What was it?" I whispered.

"We shall know in the morning," said Lord John. "It was close to us."

"We heard a large dinosaur kill a smaller one," said Challenger, more serious than ever. "It is lucky that humans evolved* long after these creatures died. What could arrows or sticks do to these monsters? Even modern rifles wouldn't be much help."

"Don't doubt my rifle," said Lord John, holding his gun.

Summerlee raised his hand.

"Be quiet!" he cried. "I hear something."

We heard the sound of heavy paws* patting around our camp. Suddenly it stopped at the entrance to our fort. We heard the creature breathing. Only a bush separated us from the creature. Each of us had grabbed his rifle.

"I think I can see it!" whispered Lord John.

I stooped* and looked over his shoulder through the gap. It was no higher than a horse, but it seemed to have large muscles* and great strength. It hissed* deep breaths into its large chest. Once, as it moved, I saw two terrible, greenish eyes. It seemed as if it were crawling* slowly forward.

"I believe it is going to jump!" I said, preparing my rifle.

"Don't fire!" whispered Lord John. "The other animals would hear the gun."

---

evolve 진화하다 **paw** 발바닥 **stoop** 상체를 굽히다 **muscle** 근육 **hiss** 씩씩 숨을 몰아쉬다 **crawl** 기다

"If it gets over the bush we're dead," said Summerlee, nervously* laughing.

"No, it must not get over," cried Lord John.

John went to the fire, picked up a blazing* branch, and quickly went outside our fort. The thing charged forward growling. Lord John never hesitated, but ran forward and tossed the fire into the beast's face. The beast's face was like a warty* toad. Its big, sharp teeth were covered in red blood. The creature suddenly turned and ran from the fire.

"I thought he wouldn't face the fire," said Lord John laughing.

"You should not have taken such a risk!" we all cried.

"There was nothing else to be done. Anyway, we're all okay. What was he, then?"

"Personally, I am unable to classify the

creature," said Summerlee, lighting his pipe from the fire.

"I can only say that it is some form of carnivorous* dinosaur," added Challenger.

"We have to remember that we have not found the fossils of all the prehistoric creatures that ever existed. We may not be able to name all the creatures we meet."

"Maybe tomorrow we can gather more evidence. Let's get some sleep."

"We need to take turns keeping watch,*" said Lord John.

"I'll start the first one," said Professor Summerlee.

In the morning, we went to the clearing where we had found the iguanodon. One of those big creatures had been torn apart by a ferocious monster. We found bloody pieces everywhere.

---

nervously 신경질적으로 **blazing** 타오르는, 빛나는 **warty** 혹투성이의
carnivorous 육식성의 **keep watch** 불침번을 서다

Our two professors argued about who the killer was.

"It looks like it could have been done by a saber-toothed* tiger, but it was probably done by a reptile. I think it might be an allosaurus."

"Or megalosaurus," said Summerlee.

"Any one of the larger carnivorous dinosaurs could have done this," he laughed nervously.

"We should try not to make a lot of noise," scolded* Lord John. "By the way, what is this mark upon the iguanodon's hide*?"

We could see a strange black mark on the gray skin of the creature. None of us could understand it, but we remembered seeing a similar mark on one of the babies. Challenger said nothing. He was still insulted that John told him to be quiet.

"I have a thought, but someone told me

to be quiet," he mumbled.

It was not until Challenger had received his apology that he finally shared his thoughts.

"I agree with Summerlee that the mark is from asphalt. As this plateau is highly volcanic, I do not doubt that there are pits of liquid asphalt tar. A much more important problem is how carnivorous monsters have been able to live here all this time. We know that this plateau is not very large.

"Within this small space a certain number of creatures have lived together for countless years. In such a small space under normal* conditions, the carnivorous animals should have eaten all the other dinosaurs. Then everything should have died out.

---

saber-toothed 검 모양의 이빨이 달린 **scold** 야단하다, 꾸짖다 **hide** 짐승의 가죽 **normal** 정상적인

"This we see has not been so. Therefore something must be killing the meat-eating dinosaurs, so there are not too many. In the future, we may be able to study this more."

"Or not," I said.

The Professor only raised his great eyebrows. Then Summerlee and Challenger began to discuss the problem together with formulas* and equations* about the size of the land and the population of dinosaurs.

That morning, we mapped out* a small portion of the plateau, avoiding the swamp of the pterodactyls, and keeping to the east. This part of the plateau was covered in thick forest, so we walked slowly.

We walked among yellow and white flowers that the Professor said were ancient. In many places, the ground was absolutely covered with them. The scent* was intensely* sweet. Little honey bees buzzed everywhere around us. Many of the trees were covered with fruit we had never seen before.

We only ate the fruit that we saw the birds eat first. In the jungle, we saw the footprints of many different animals. We found more iguanodons, and Lord John said that they also had black marks on their sides.

We saw many small animals, such as porcupines,* a scaly* anteater, and a wild pig. Once, in the distance, we saw a large tan deer moving swiftly. It must have been as large as those ancient Irish elk which are sometimes dug up from Ireland's bogs.* When we returned to the camp that day, everything was fine and untouched.

---

formula 공식　**equation** 방정식　**map out** 지도에 정밀하게 표시를 하다
scent 향기　**intensely** 강렬하게　**porcupine** 호저　**scaly** 비늘의　**bog** 습지, 수렁

That evening, we had a discussion on our present situation and future plans.

"Why are we exploring deeper into this country? We should be spending all of our time trying to find some way out!" Summerlee complained.

"Aren't you ashamed?" scolded Challenger. "As a man of science, you should be devoted to* exploring this new land. I expected better things of you, Professor Summerlee."

"You must remember that I am a teacher in London. I have responsibilities to my students. This makes my situation different from yours, Professor Challenger. No one trusts you to teach."

"Of course. A true scientist shouldn't have teaching distract* him from his research."

"Mr. McArdle would never forgive me if I didn't return with a great story. Besides, it seems that we can't get down, even if we wanted," I added.

"Our young friend is not very intelligent, but he has common sense,*" remarked Challenger. "It is a waste of energy to talk about how to leave."

"It is a waste of energy to do anything else," growled Summerlee from behind his pipe. "Our mission was only to test the truth of Professor Challenger's statements. We have already seen that those statements are true. So our work is done. To explore this whole place is too big a job for us. We should leave now and not risk losing what we have already found. Professor Challenger found a way for us to get in here. Now we should find a way out."

I was starting to agree with Summerlee.

---

be devoted to ~하는 데 헌신하다 **distract** 정신을 산만하게 하다
common sense 상식

Even Challenger began to consider his point.

"I haven't thought of a way out. I agree that we shouldn't stay here long, but I can't leave here without mapping more of this place first."

Professor Summerlee rolled his eyes.

"We have spent two long days in exploration," he said. "It is clear that the woods are very thick. Unless we find a mountain we can climb up to get a better view, it will take months to explore."

Suddenly, I looked at the great gingko tree trunk and was inspired.* It was probably taller than every other tree. Now, ever since I was a boy in Ireland I have been good at climbing trees. I told the others and they were delighted at my idea.

"Our young friend can climb where we cannot," said Challenger smiling.

"There's not more than an hour of

daylight left, but if you take your notebook you may be able to draw a quick picture," said Lord John. "I will help you go up to the first branch."

He helped me climb up to the first big branch. I got my body around it. The branches above me were like a ladder. I climbed swiftly up without looking down. I heard Challenger's big voice beneath me. The tree was, however, enormous, and, looking upwards, I could see no end to my climb. I saw a very thick branch on which I could sit and take a rest. I got onto this branch, and I nearly fell out of the tree in my surprise and horror at what I saw.

A face, only two feet away, was gazing into mine. The creature had been hiding on the other side, and he turned to look at the same moment I did. It was a face that

---

inspire 영감을 주다, 고무시키다

looked more human than monkey. It was long, white, and covered with pimples.* The nose was flat and the jaw was big. The eyes, which were under thick brows, were ferocious. It growled and showed sharp white teeth. It seemed to hate me. Then it looked afraid and jumped away. I watched its hairy red body as it jumped away.

"What's the matter?" shouted Lord John from below. "Anything wrong with you?"

"Did you see it?" I cried.

"We heard something. What was it?"

I was so shocked that I thought about climbing back down, but I felt ashamed to do so. I regained my courage, and I continued my climb. It was easy to climb up. Finally, the leaves thinned around me, and I felt the wind upon my face. I was determined to climb to the very highest point, so I climbed until I got to a fork in the tree that could still hold me. I balanced and looked around at the country around me.

The sun was just setting, but it was still bright enough for me to see everything. The plateau was an oval* with a length of about thirty miles and a width of twenty. All of the sides sloped down to a large lake in the center. This lake may have been ten miles around, and it was very green and beautiful in the evening light. A number of big dark creatures that looked like big alligators rested around the lake.

I could see where the iguanodons lived and the pterodactyl swamp. I could see the woods in the east. But now I could also see great cliffs with caves on another part of the plateau. At the opening of one of these caves, something white was shimmering, but I was unable to see what it was. I sat

---

pimple 여드름, 뾰루지 **oval** 타원형

drawing the country until the sun had set and it was too dark.

Then I climbed down to my companions waiting for me so eagerly at the bottom of the great tree. For once I was the hero. Alone I had thought of it, and alone I had done it. Each of them shook me by the hand.

But before they discussed the details of my map, I had to tell them of the ape*-man.

"He has been there the whole time," I said.

"How do you know that?" asked Lord John.

"Because I have felt someone watching us the whole time."

"It is too big to discuss now," said Challenger. "Tell me, did you look at the animal's hands? Would he be able to cross his thumb over his palm?" he questioned me like a school teacher.

"No."

"Did he have a tail?"

"No."

"Could it hold things with its feet?"

"I do not think it could have climbed so quickly if it couldn't hold branches with its feet."

"In South America, there are thirty-six species of monkeys, but there are no apes. It is clear, however, that he is different from the hairy gorillas or chimpanzees that are only seen in Africa."

When I looked at the hairy Professor I thought that maybe there were some in England, too.

"This is a kind with less hair, and he spends most of his time in the trees. But is it more ape or man? Is he the missing link

---

ape 유인원

of our evolution?"

"It is not the missing link," said Summerlee. "Now through the intelligence and activity of Mr. Malone, we have our map. Now let's find a way out of this awful place."

"We could have found the beginnings of civilization,*" groaned Challenger.

"We must record what we have seen and leave the further exploration to others. You all agreed to this before Mr. Malone got us the map."

"Well, I suppose I will feel better once I know that our friends know about what we have seen. I do not know yet how we can get out of here, but I haven't yet found a problem that my great brain cannot solve."

But that evening, by the light of the fire and of a single candle, I continued to add details and names to my map with

Challenger. Challenger's pencil waited over the great blank which marked the lake.

"What shall we call it?" he asked.

"Don't you want to name it after yourself?" said Summerlee sarcastically.*

"Any idiot can hand down his worthless memory by giving it to a mountain or a river."

"It's up to you, young man, to name the lake," Lord John said. "You saw it first, so you could call it Lake Malone if you wanted."

"Let our young friend give it a name," said Challenger.

"Then let it be named Lake Gladys," I answered blushing.

"Don't you think the Central Lake would be better?" remarked Summerlee.

---

civilization 문명 **sarcastically** 빈정대며

"I prefer Lake Gladys."

Challenger looked at me and shook his great head. "Boys will be boys," he said. "Lake Gladys it will be."

Chapter 12

It Was Dreadful in the Forest

말론은 영웅심이 발동하여 일행 몰래 탐험에 나선다.
호수 근처에서 그는 사람이 사는 듯한 동굴을 발견하고
야영지로 돌아오다가 괴수에게 쫓겨 사체 구덩이에 빠진다.
그는 일행이 사라지고 야영지가 엉망이 된 것을 발견한다.

I was glowing with pride.* I was younger than all the men in so many ways, but I had finally done something great. But pride is a dangerous thing. My pride would lead me that night to the most

---

glow with pride 자부심으로 열이 오르다

dreadful experience of my life, ending with a shock which turns my heart sick when I think of it.

It came about in this way. I was too excited to sleep. Summerlee was on guard that night, holding his rifle. Lord John and Challenger were sleeping. The full moon was shining brightly, and the air was crispy* cold. What a night for a walk! What if I quietly went to the lake by myself and recorded everything important?

Then we could go back to London and I would be remembered as the man who made the great discovery.* I thought of Gladys. Would she finally be proud of me? I thought also of McArdle. It would be a great article for my paper! My career* would be great! They might send me to cover the next great war! I grabbed a gun and some bullets. Then I quietly snuck out. Summerlee our watchman had fallen asleep.

After I walked one hundred yards, I regretted my choice. But my fear of being seen as a coward made me keep walking. Even if my comrades did not know that I left and returned, I would feel ashamed. I shivered* with fear and kept walking.

It was dreadful in the forest. The trees grew so thickly that I could not see the moonlight. There were patches of the forest that were darker than others. I was filled with fear as I passed them. I thought of the painful cry of the iguanodon. I thought, too, of the monster that tried to attack us. Even now, I was on its hunting-ground. At any instant it might jump out and attack me!

Again I felt like I should return to the camp. But I could not—must not—fail.

---

crispy (날씨가) 상쾌한 **discovery** 발견 **career** 직업, 경력 **shiver** 덜덜 떨다

Should I go back and get the shotgun? If I were to go back to camp to change my weapon, the others would probably see me. After a little hesitation, I kept going.

I made it to the opening where we had seen the iguanodons. Hiding among the bushes, I looked out at it. I could see none of the dinosaurs. In the misty, silvery night I could see no sign of any living thing. I finally ran across the clearing and continued following the little brook. That brook reminded me of the brook I played in as a child. As long as I followed it down, I must come to the lake, and so long as I followed it back, I must come to the camp.

The forest began to become thinner and the plants became shorter. I could make good progress, and I could see without being seen behind those plants. I passed close to the pterodactyl swamp. I looked up at the moon and one of them flew by.

It looked like a flying skeleton against the white light. I hid in the bushes and stayed quiet until I could no longer see the creature. Then I continued walking.

The night had been quiet and still except for a low, bubbly* sound. This grew louder as I walked. It was like a boiling kettle or the bubbling* of some great pot. Soon I came upon the source of it. It was a hot, bubbling pool of black liquid. The air above it was shimmering with heat, and the ground around was so hot that I could not touch it. It was clear that this part of the land was still volcanic. I had no time to examine it further, for I had to hurry if I wanted to be back in camp in the morning.

I hid in the shadows when I came to clearings in the woods. In the jungle, I went slowly. I stopped moving every time

---

bubbly 거품이 부글부글 이는 **bubbling** 부글부글 거품이 이는

I heard something move in the bushes. Big, silent shadows seemed to follow me. I often thought of returning, but my pride was greater than my fear.

At last—my watch showed that it was one in the morning—I saw the water through the openings of the jungle. Ten minutes later, I was at the borders* of the central lake. I drank some of its water, which was fresh and cold. I climbed up onto a big rock, and I had an excellent view in every direction.

The first thing which I saw filled me with amazement. I saw light coming from inside the caves. I thought it might be lava* or other volcanic activity, but that seemed impossible. They had to be fires lit by some intelligent animal. There were human beings, then, upon the plateau. Now I had found something great! Here was news for us to bring back with us to

London!

For a long time, I lay and watched these red lights. I suppose they were ten miles from me. I thought that I could see people moving in front of them. I wished that I could have gotten closer to see what kind of people lived there. But there was no way I could go there alone.

Lake Gladys was shining and silver in front of me. It was shallow. Everywhere fish and other creatures swam in its waters. Once I saw a creature like a huge swan, with a clumsy body and a high, flexible* neck. It jumped into the water and dived under.

Two creatures like large armadillos had come down to the edge of the lake, and were drinking water. A huge deer that looked like a king came down with its

---

border 경계 **lava** 용암 **flexible** 유연한

doe* and two fawns* and drank. It was the biggest deer I had ever seen. Suddenly, it made a noise and the whole deer family went back to the woods to hide. A newcomer, a most monstrous animal, was coming down the path.

It was the stegosaurus! Was it the same one that Maple White had seen? The ground shook beneath his tremendous* weight and he stopped to drink water. For five minutes, he was so close to my rock that I could have touched his back. Then he stomped away.

Looking at my watch, I saw that it was half-past two o'clock, so it was time to go home. It was easy for me to find the brook again. I was in a good mood as I found it and started walking. I could tell my comrades about the fires in the caves and about all the wonderful creatures I had seen at the lake.

I was thinking deeply about everything when I heard a strange noise behind me. It was a low, deep growl. Some strange creature was near me, so I began to move faster. I had walked half a mile or so when suddenly the sound was repeated. My heart stood still within me. My skin grew cold. I remembered the face of the terrible beast in the fire. With my knees shaking beneath me, I looked around. I could only see shadows and silver moonlight. I heard the growl again.

Then suddenly I saw it. There was movement among the bushes. A great dark shadow hopped out into the clear moonlight. The beast moved like a kangaroo, standing up on its powerful hind* legs. It was of enormous size and power, like an elephant, but it moved

---

doe 암사슴 **fawn** 사슴 새끼 **tremendous** 거대한, 무시무시한 **hind** 뒤쪽의

more quickly. The beast had a big toad-like face. His ferocious cry let me know that he was one of the meat-eating monsters. It hopped with its nose to the ground. It was smelling my trail.

What could I do? My useless fowling piece* was in my hand. The trees around me were so short. If I climbed them, it could just knock them down. All that I could do was run as fast as I could. I threw away my gun, I ran and ran. My body felt like it would explode.* At last I stopped to rest. Then suddenly I heard the sound of its feet behind me again.

He came around the corner leaping. The moonlight shone upon his huge eyes, the row of enormous teeth in his open mouth. With a scream of terror, I turned and rushed wildly down the path. I expected to feel him on my back and then I was falling through space, and everything went dark.

When I woke up, I smelled something horrible. Under my hands, I felt a large piece of meat and bones. I looked up and saw that I was lying at the bottom of a deep pit. I slowly got up. Everything was sore, but nothing on my body was broken. I expected to see the monster, but he was gone. Nor could I hear any sound from above. I began to walk slowly around.

There was rotting* meat everywhere. I came suddenly against something hard. It was a very tall wooden pole* covered with grease.* I remembered that I had some matches in my pocket. I lit one and looked around. It was a trap—made by the hand of man. The post in the center, some nine feet long, was sharpened* at the upper end. Old blood showed that animals had been

---

fowling piece 새총, 엽총   **explode** 폭발하다   **rot** 썩다, 부패하다   **pole** 막대기, 장대   **grease** 유지, 기름   **sharpen** 뾰족하게 하다, 날카롭게 깎다

killed on it. Challenger had thought that no men could live here.

Now it was clear how they could live. The men lived in the caves, which were too narrow for the dinosaurs to enter. Then they made traps on other parts of the plateau that they used to catch the great beasts.

I could easily climb up out of the pit, but I waited a few moments, hoping the beast was not waiting for me. But I remembered the Professor had said that dinosaurs have very small brains. The monster would be too stupid to wait for me.

Also, rather than wait for me to climb out, it would be easier for the monster to just find another animal to eat. I climbed to the edge of the pit and looked over. The stars were fading* and the sun was rising. I could see or hear nothing of my enemy. Slowly, I climbed out and sat for a while upon the ground. Finally, I got the courage to start walking again. I found my gun again, and then I walked home.

And suddenly I heard the sound of a single rifle-shot. I paused and listened, but there was nothing more. Were they in danger or were they firing the shot to help me find my way home? I had to get home as fast as possible.

I shouted happily when I saw Fort Challenger ahead of me. No one answered me. What had happened? I started running. I entered the fort. Our supplies were a mess. My comrades had disappeared. Pools of blood were in the green grass.

I was so stunned* that I briefly lost my mind. I ran into the woods and started calling wildly. I felt so alone and desperate.

---

fade 희미해지다, 사라지다 stunned 아연실색한

What would I do without my comrades? Without them, I was like a child in the dark, helpless and powerless. I did not know which way to turn or what I should do first.

For some time I sat, confused. Then I decided to discover what had happened to my companions. The evidence suggested that they must have been attacked quickly. Only Lord John's rifle had been shot. The others were still full, which meant that the Professors must have been asleep. Only the open cans of food were gone. They were animals, then, and not humans. Humans would have taken everything.

But if they were animals, why didn't they just kill my comrades here? Why would they take them away? The more I tried to think it about it with my confused and weary brain, the less I could find an answer. I searched around in the forest, but I could see no tracks which could help me. I wandered for an hour.

Then I remembered that Zambo was waiting at the pyramid rock. I went to the edge of the plateau and looked over. I saw him sleeping down below the pyramid rock. But I saw a second man there too. Was it one of my companions? No, he was an Indian. I shouted loudly. Zambo looked up, and climbed up the pyramid rock. I told my story to Zambo.

"The devil must have got them. You take my advice, Mr. Malone, and come down quickly."

"How can I come down, Zambo?"

"Ask for ropes, Mr. Malone."

"Who can I ask, and where?"

"Ask the Indian villages. There is an Indian down below. Send him."

"Who is he?"

"One of our Indians. Other ones beat

him and took away his pay. He came back to us. He is ready to bring ropes or take letters."

I sent three letters with the Indian man. I also gave him money to buy ropes. Mr. McArdle, I hope this letter reaches you. With hope, I will find my friends.

Chapter 13

A Sight Which I Shall Never Forget

록스턴 경은 두 명의 교수와 함께 유인원 인간에게 잡힌다. 가까스로 탈출한 그는 야영지로 돌아와 총을 챙기고 말론과 함께 교수들과 인디언 포로들을 구한다.

I watched the Indian leave into the woods as the sun set. It was quite dark when I at last turned back to our camp. I felt a little happier to think that even if our bodies died, our names might survive.

I was scared to sleep in our fort. I thought about sleeping in the tree, but there was no branch that was strong enough to hold me. Finally, I just fell asleep in the fort. In the early morning, a hand was laid upon my arm. I jumped up and cried with joy. In the cold gray light, I saw Lord John Roxton kneeling beside me.

He was pale and wild-eyed, gasping as he breathed like one who has run far and fast. His face was scratched* and bloody, his clothes were hanging in rags, and his hat was gone. I stared in amazement. He was gathering all of our supplies.

"Quick, get everything! Don't wait to talk or think. Move fast, or we are dead!"

Still half-awake, I followed after him while carrying our supplies. We ran through bushes and thorns and then finally he pulled me down behind a large bush.

"There! I think we are safe here. They'll come to our camp first. It will be their first idea."

"Where are the Professors? And who is it that is after us?"

"The ape-men," he cried. "Don't make a sound, for they have long ears and sharp eyes. But I don't think they could smell us. Where were you?"

In a few sentences I whispered what I had done.

"Well, that's an adventure. But I've never met men like these."

"How did it happen?" I asked.

"It was in the early morning. The Professors were just walking. Suddenly, apes rained upon us. They came down as quick as lightning. I shot one of them through the belly, but they quickly captured us. I call them apes, but they carried sticks and stones in their hands

---

scratch 긁다, 할퀴다

and talked to each other. They tied our hands with vines. They are not dumb* animals, they are like men. They carried off their wounded comrade and then they sat around us.

"They were as big as a man and much stronger. They had strange gray eyes under their red hair. Challenger managed to stand up. He started shouting at them."

"Well, what did they do?" I asked. Lord John looked around in the woods and then he kept talking.

"I thought they would kill us. But then something funny happened. Their chief stood next to Challenger! He looked like a red-haired Challenger. He had the short body, the big shoulders, the round chest, no neck, a big red beard. He even had the same look in his eyes. The ape-man put his hand on Challenger's shoulder. Summerlee laughed till he cried.

"The ape-men laughed too, and then dragged us off through the forest. They wouldn't touch the guns and things, but they carried away all our loose food. They didn't care about Summerlee and me. But Challenger was all right. Four of them carried him shoulder high, and he went like a Roman emperor. What's that?"

It was a strange clicking noise in the distance.

"It's them! Load* your gun, my boy. They won't take us alive. Can you hear them now?"

"They're very far away."

"They must be looking for us all over the woods. Well, I was telling you my story. They got us soon to this town of theirs. There's a bunch* of huts made of branches. It's three or four miles from

---

dumb 우둔한 load (총을) 장전하다 bunch 많음, 묶음

here. The filthy* beasts touched me all over, and I feel as if I should never be clean again. They tied us upside down, beneath a tree, while one of them stood guard over* us with a club* in his hand. When I say 'we,' I mean Summerlee and myself. Old Challenger was up a tree, eating pineapples and having the time of his life.

"He gave us some fruit and untied us. You would have smiled if you saw him singing and laughing with his twin. They would let Challenger do anything, but not Summerlee and me. They kept watching us. We were glad that you weren't captured.

"Here is the most surprising thing. We saw the humans who made the fires that you saw. It seems that the humans live in the caves on one side of the plateau, and the ape-men live on this side. There is bloody war between them all the time.

Well, yesterday the ape-men got hold of a dozen of the humans and brought them in as prisoners.

"The ape-men screamed when they saw them. They started biting them and pulling at their arms and legs. It made us sick to watch. Summerlee fainted,* and even Challenger looked sick. I think they're gone now, don't you?"

We listened, but we only heard the sound of birds. Lord John went on with his story.

"You are lucky. If they hadn't caught those Indians, they would still be looking for you. They knew that one of us was missing. What a nightmare the whole thing is! Do you remember the bamboo spears where we found the dead American? Well, that is just under

---

filthy 불결한　**stand guard over** ~을 지키다　**club** 방망이　**faint** 기절하다

Ape Town. It's where they throw their prisoners. They make a big ceremony.* Then they make them jump, one by one. The game is to see whether they land on the spears. They took us out to see it, and the whole tribe lined up on the edge.

"Four of the Indians jumped, and the canes went through them like knitting needles through butter. It was horrible, but we were all fascinated,* too. They kept six of the Indians to die at a later day. Summerlee and I realized that soon it would be our turn. Their language is more than half signs, and it was not hard to follow them.

"So I thought we should escape as soon as possible. I had already been thinking of a plan. The Professors were useless. All they did was argue about what the ape-men were. One said it was the dryopithecus of Java, the other said it was pithecanthropus. They're crazy!

"But they said a few useful things. One was that these monsters could not run as fast as a man in the open. They have short legs and heavy bodies. Even Challenger could run faster than them. Another point was that they knew nothing about guns. I don't believe they ever understood how the one I shot got hurt. If we could get at our guns, we might have a chance.

"So I kicked the guard in the stomach this morning and ran away. Then I got to you and the guns, and here we are."

"But the Professors!" I cried.

"Well, we must just go back and fetch them. I couldn't bring them with me. Challenger was up the tree, and Summerlee was not strong enough. The only chance was to get the guns and try

---

ceremony 의식 **fascinated** 매료된, 마음을 빼앗긴

a rescue.* They may have already killed the Professors. But we must try to rescue them. You can decide to help or not."

Lord John was a born leader. His speech became faster. His cold eyes came alive. His love of danger, his intense* appreciation* of the drama of an adventure gave him energy now. If I had not been worried about the Professors, it would have been a joy to have an adventure with this man. We were standing up when suddenly I felt his grip upon my arm.

"Here they come!"

We hid and watched the ape-men pass us. They walked bent over. Their height was about five feet, with long arms and enormous chests. Many of them carried sticks, and in the distance they looked like a line of very hairy and deformed* human beings. Finally, they passed.

"Let's wait until they stop searching. Then we'll go back to their town."

We filled in the time by opening one of our food tins and making our breakfast. After we ate, we began moving toward the ape-men's town.

"As long as we are among the thick trees they are stronger than us," he said. "They can see us and we cannot see them. But in the open it is different. There we can move faster than they can. So we must stick to* the open all we can. The edge of the plateau has fewer large trees than further inland. So that's where we should go. Go slowly; keep your eyes open and your rifle ready."

When we reached the edge of the cliff, I looked over and saw Zambo sitting on a rock below us. I wanted to call out to

---

rescue 구조, 구출; 구출하다 intense 격렬한, 심한 appreciation 올바른 인식, 이해 deformed 변형된, 기형의 stick to ~을 고수하다

him, but I did not want to make too much noise. We moved slowly through the woods because we often had to stop and hide.

"Come!" Lord John called when we reached the town.

I looked at the town from my hiding spot. I will always remember the strange sight of this little town.

A wide, open space lay before us. Around this clearing there was a semi-circle of trees with curious huts built. The openings of these huts and the branches of the trees were filled with a thick crowd of ape-people that seemed to be the females and infants of the tribe.

In the open, and near the edge of the cliff, there had gathered a crowd of some hundred of these shaggy,* red-haired creatures. Some of them were huge and horrible. In front, there stood a small group of Indians. They were little and hairless people with skin that glowed like polished* bronze in the strong sunlight. A tall, thin white man was standing beside them. It had to be Professor Summerlee.

In front of and around this sad group of prisoners were several ape-men, who watched them closely and made all escape impossible. Then, right out from all the others and close to the edge of the cliff, were two strange figures. One was our comrade, Professor Challenger. His clothes were torn and his hair looked wild. Beside him stood his master, the king of the ape-men. In all things he was, as Lord John had said, the very image of our Professor, except that his coloring was red instead of black. The Professor's skull looked bigger than the ape-man's.

---

shaggy 털이 많은, 덥수룩한 **polish** 광내다

Two of the ape-men had seized one of the Indians out of the group and dragged him forward to the edge of the cliff. The king raised his hand as a signal. They caught the man by his arms and legs, and swung* him three times backwards and forwards. Then they threw him over the cliff. As he vanished from sight, all the ape-men ran forward to watch him fall. They screamed in delight* and danced before they went back to their places.

This time it was Summerlee. Two of his guards caught him by the wrists and pulled him to the front. His thin figure and long limbs struggled* like a chicken. Challenger had turned to the king and waved his hands. He was begging for his comrade's life. The ape-man pushed him roughly aside and shook his head. Lord John's rifle cracked, and the king sank down, dead.

"Shoot! Shoot! Shoot!" cried my companion.

Normally, I cannot stand to kill an animal. It even makes me cry. But something changed inside me. The bloodlust* was on me now. I began shooting again and again and reloading my gun over and over. Both the guards who held Summerlee were down. He looked confused. The crowd of ape-men ran about in bewilderment.* They waved and screamed in chaos.* Finally, they all escaped into the trees. The prisoners were left for the moment standing alone in the middle of the clearing.

Challenger grabbed Summerlee by the arm, and they both ran toward us. Lord John shot their guards. We ran forward

---

swing 휘두르다   in delight 기뻐서   struggle 발버둥치다, 몸부림치다
bloodlust 피에 대한 욕망   bewilderment 당혹, 어리둥절함   chaos 혼돈, 혼란

into the open to meet our friends, and put a loaded rifle into the hands of each. But Summerlee had no strength. Already the ape-men were recovering from their panic.* They were coming down from the trees. Challenger and I ran Summerlee along, one at each of his elbows, while Lord John followed behind us, firing again and again.

For a mile or more they chased us. Then they stopped running as fast because they realized that we would shoot them. When we had at last reached the camp, we looked back and found ourselves alone.

We thought we were alone until we heard small feet and small cries coming from outside our door. Lord Roxton rushed forward, rifle in hand, and threw it open. There were the four surviving Indians, trembling* with fear of us and begging for protection. One of them grabbed Lord John around his legs.

"So, what do we do with these people? Get up and take your face off my boots."

"You've got to keep us safe," the Indian said. "You've pulled us all out of the jaws of death. You did a great thing!"

"Admirable*!" cried Challenger. "We and all of science owe you. Our young friend here and you have done most excellently* well."

He looked at us with the old fatherly smile. He had one of the meat-tins between his knees, and sat with a large piece of cold lamb. The Indian looked up at him, and then, with a little cry, clung to Lord John's leg.

"Don't you be scared, my boy," said Lord John, patting his head. "He must think you are an ape-man. All right, boy,

---

panic 극심한 공포, 공황 상태 **tremble** 벌벌 떨다 **admirable** 감탄스러운, 탄복할 만한 **excellently** 훌륭하게

he's only a human, just the same as the rest of us."

"Really, sir!" cried the Professor.

"Well, it's lucky for you, Challenger, that you do look a little like the ape-man king."

"You don't have to say it like that."

"Well, it's a fact."

"Let's change the subject. We should take these Indians home. Where do they live?"

"There is no difficulty about that," I said. "They live in the caves on the other side of the central lake."

"How far is it from here?"

"A good twenty miles," I said.

Summerlee groaned. Then we all heard the chatter of the ape-men.

"We must move, and move quick!" said Lord John. "You help Summerlee, young man. These Indians will carry supplies. Now, then, come along before they can see us."

In less than half-an-hour, we were hiding in the brush* again. We heard the ape-men looking for us. Finally, we all went to sleep. Challenger woke me up.

"You keep a diary of these events, and you expect eventually to publish it, Mr. Malone," he said.

"I am only here as a press reporter," I answered.

"Exactly. You heard what Lord John said about my appearance."

"Yes."

"I think John has a strange imagination, right? When you write your story, you must tell the truth."

"Entirely.*"

"Anyway, you don't have to write what he said. But wasn't that ape-man king an

---

brush 덤불, 잡목림 **entirely** 완전히, 전적으로

amazing creature?"

"A most remarkable creature," I said.

Chapter 14

Those Were the Real Conquests

원정대는 그들이 구해 준 인디언들과 함께
그들의 마을로 가 환대를 받는다.
난폭한 유인원 인간을 멸족시켜 달라는 요청을 받고
원정대는 인디언들과 함께 그들을 공격한다.

We had imagined that the ape-men did not know about our hiding place. We were wrong.

We all awoke exhausted. Summerlee was still so weak that he could not stand. But he pretended to be okay. We decided to eat breakfast and then move to the caves. We hoped that the other Indians would care for us. After resting with them, we hoped that we could find another.

The Indians were strong, active, and had long black hair. They wore leather on their bodies. They had kind faces. Their ears were bloody. Probably they wore earrings that the ape-men pulled out. We could not understand their language, but they said the word "Accala" many times over. We realized that this was the name of the nation. Occasionally, they said the word "Doda" with fear and hatred.

"What do you make of them, Challenger?" asked Lord John. The youngest one seemed to be the chief. The others looked at him with great respect. When Challenger touched him, he moved away. He said the word "Maretas" several times.

"These are true men. They are not

like the primitive* animals here," said Challenger as he looked at them. "It seems strange that they are here."

"Where did they come from?" asked Lord John.

"A question which will, no doubt, be eagerly discussed in every scientific society in Europe and America," the Professor answered. "The animals and plants in this area are a mix of old types, like the dinosaurs that managed to survive until now and some recent immigrants,* like the anteaters, that found their way here.

"It is probable that there existed an ape in South America, who in past ages found his way to this place, and that he developed into the creatures that we have seen. As to the Indians, I cannot doubt that they are more recent immigrants from

---

primitive 원시 사회의, 원시적인 **immigrant** 이주자, 외래 동물

below. Because of a famine* or war, they have made their way up here. Faced by ferocious creatures which they had never before seen, they have survived. The ape-men probably consider them invaders.* Do you agree?"

Professor Summerlee for once was too depressed to argue. Lord John merely shrugged. I mentioned that one of the Indians was missing.

"He has gone to fetch some water," said Lord John.

"To the old camp?" I asked.

"No, to the brook."

"I'll go and look after him," I said. I picked up my rifle and walked in the direction of the brook. I thought we were safe.

I could hear the sound of the brook somewhere ahead of me. Then I noticed something red among the bushes. As I approached it, I was shocked to see that it was the dead body of the missing Indian. I screamed and ran over to the body. I looked up.

An ape-man was coming out of the tree, ready to grab my throat. I jumped backwards. The ape-man caught my face. He lifted me from the ground and began to press my face. Looking up, I saw a frightful face with cold light blue eyes looking down into mine. I began to pass out.* I heard the crack of the rifle and I fell to the ground. I couldn't move.

When I woke up, the others gave me water. I was sore but not injured.

"I wish I had fifty men with rifles. I'd kill all those ape-men," said Lord John.

It was clear that we had to leave quickly. We looked for an open road where we

---

famine 기근 **invader** 침략자 **pass out** 정신을 잃다

could move faster than the ape-men. We were sorry to leave this area, for we would not be able to communicate with Zambo any longer. But we had no choice, and we knew that he would wait for us.

It was in the early afternoon that we started upon our journey. The young chief walked at our head as our guide. He made the other two men carry our supplies. We four white men walked in the rear* with rifles loaded and ready. As we walked into the open country, it seemed that the ape-men were not following us.

I smiled because we all looked very different than we had a week ago. If someone saw us now, who could have imagined how we looked in England? We all lost our hats. We had long hair and beards. Our clothes were ruined, and we didn't walk well.

In the late afternoon, we reached the

lake. The Indians cried with joy and pointed to the caves across the lake. Indians in canoes paddled* across the lake to meet us. An old man wearing glass beads and beautiful fur hugged the youngest Indian we rescued. He then looked at us and asked some questions, after which he hugged us. Then, at his order, the whole tribe bowed to us. I was embarrassed, but Challenger looked happy.

Each man carried a bamboo spear and bows and arrows. The Indians all gathered together to discuss what to do. The young man we rescued seemed to point to us and our rifles. He seemed to suggest that now was the time for us all to attack and fully destroy the ape-men.

The Indian warriors cheered when the

---

rear 뒤쪽 **paddle** 노를 젓다

young man finished speaking. The old chief stepped forward to us, and asked us some questions, pointing at the same time to the woods. Lord John turned to me.

"What will you do? I want to go fight with them."

"Of course I will come."

"And you, Challenger?"

"I will join."

"And you, Summerlee?"

"The point of this trip was not to attack ape-men, but if you are all going, I can't stay behind."

Lord John turned to the chief, nodded, and slapped his rifle.

The old man held our hands, while his men cheered louder than ever. We rested that night with the Indians. Some of the Indians brought back a large Iguanodon. This one also had black marks. They killed it, and we realized that these dinosaurs were like cows to the Indians. In a few minutes, they were cooking and eating this beast.

Summerlee slept while the rest of us explored the lake. Lord John was happy to find blue clay. Challenger found volcanic places where he could fill bags with hydrogen* gas.

"This gas is lighter than air. I will show you how great my mind is," he seemed to be thinking of some big secret.

Our noise scared the animals away from the lake. In the water swam turtles and other dinosaurs. A large flat creature with a long neck swam by Professor Summerlee.

"Plesiosaurus! A fresh-water plesiosaurus!" cried Summerlee. "I can now die happy!"

---

hydrogen 수소

Even as we slept, we heard the animals moving in the lake.

At dawn, we got up and prepared for battle. More Indians had joined us, so we had four or five hundred men. We came to the edge of the forest. Here we spread out into a long line of spearmen and bowmen. Roxton and Summerlee took their position upon the right end, while Challenger and I were on the left.

We had not long to wait for our enemy. The ape-men rushed out with clubs and stones to the middle of the Indian line. They were too slow to hit the spearmen and arrows flew at them. I only shot one time and the Indians killed the rest that had run out of the woods.

When we entered the woods, the fight became more even.* They jumped down from the trees and attacked. One of them knocked Summerlee's rifle away, but an

Indian stabbed* the beast to the heart. Other ape-men in the trees above us threw down stones and logs of wood. Many men were killed. We shot down many of the ape-men, firing again and again. Then finally the ape-men panicked and began to run away. The Indians cheered and chased them through the woods. They could not escape. The Indians found and killed the last survivors.

"It's over," said Lord John. "Let's go back and get some rest."

Challenger's eyes were shining.

"We have won this plateau for mankind."

We continued to hear screaming and fighting. Although Challenger was happy, it seemed a little tragic to me. The last eighty surviving ape-men were gathered

---

even 막상막하인, 대등한 **stab** 칼로 찌르다

together. They were pushed over the cliff and onto the bamboo spears. Ape Town was destroyed, the females and young were made into slaves, and the long war had reached its end.

We were able to go back to our camp with our supplies. We also met Zambo again.

"It's time to leave that place," he told us.

"I agree. From now on, Challenger, you must think of a way to get us out of here."

Our Eyes Have Seen Great Wonders

인디언 마을에서 탐험과 연구를 하면서 지내던 중
그들은 커다란 선사 시대 동물들의 공격을 받는다.
원정대는 족장의 아들이 몰래 건네준 지도 덕분에
고원에서 내려오는 길을 찾아 구조된다.

After the victory of the Indians we became the masters of the plateau, for the natives looked upon us with a mixture[*] of fear and gratitude.[*] I wondered if they thought we were dangerous. We were

---

mixture 혼재, 섞임 **gratitude** 감사

sure that there was a tunnel somewhere. Yet, only the year before, however, there had been a terrific earthquake,* and the upper end of the tunnel had fallen in and completely disappeared. The Indians did not seem to know how to leave the plateau.

The surviving ape-men had become slaves. At night sometimes we could hear them crying and mourning.* They would now spend their lives cutting wood and carrying water. We lived in a camp outside of their caves. Lord John would not let us share the caves with them, because he feared it would give them too much power over us. We stayed friendly but kept our weapons ready. We also continually visited their caves, which were most remarkable places.

The openings were about eighty feet above the ground, and were led up to by long stone stairs, so narrow and steep that no large animal could climb them. Inside they were warm and dry, with smooth gray walls decorated with many excellent pictures of the various animals of the plateau.

It was on the third day after our forming our camp near the Indian caves that tragedy* occurred. Challenger and Summerlee had gone off together that day to the lake. A number of the Indians were scattered about upon the grassy hill. Suddenly, they began to scream "Stoa!" From every side men, women, and children were rushing wildly for shelter.

Looking up, we could see them waving their arms from the rocks above and calling us to join them. We had both grabbed our rifles and ran out to see what the danger could be. Suddenly, we

---

earthquake 지진 **mourn** 애도하다, 애통해하다 **tragedy** 비극

saw fifteen Indians running for their lives followed by two of those frightful monsters that had already attacked me and the camp. In shape they were like horrible toads, but they were larger than the largest elephant. Their warty skin shone like a rainbow in the sunlight.

They caught the Indians and began to crush and kill them. The Indians screamed with terror, but were helpless. One after another they went down. Lord John and I fired bullet after bullet into the beasts, but it didn't seem to affect* them. Their brains were too small to care much about pain.

Our bullets failed, but the native's arrows, dipped in the juice of strophanthus* and then covered with rotten meat could succeed. When they first hit the animal, they had little effect.* But as time went on, they poisoned* the animal. Little by little, the animals began to slow down, become sicker, and finally die. The Indians shouted with joy. They cut up the bodies but left the giant hearts that still beat long after the animals died.

Some day, I will write more about our life with the Accala Indians. I will never forget my time with them. I remember when I saw a young ichthyosaurus—a strange creature, half seal, half fish, with bone-covered eyes on each side of his snout,* and a third eye on the top of his head.

I will tell, too, of the great nocturnal* white thing that lived in a cave near us. The Indians were so terrified at it that they would not go near the place. It seemed to be larger than a cow and had the strangest

---

affect 영향을 미치다 **strophanthus** 스트로판투스(덩굴성 관목으로 열매는 강심제로 사용함) **effect** 효과, 효능 **poison** 중독시키다, 독살하다 **snout** (돼지 같은 동물의) 코, 주둥이 **nocturnal** 야행성의

musky* odor.* I will tell also of the huge bird which chased Challenger to the shelter of the rocks one day. Finally, I will write about the toxodon, the giant ten-foot guinea pig, with huge teeth.

The Indians helped us in every way they could except when it involved finding a way off the plateau. When it comes to our leaving the plateau, they would just smile, twinkle their eyes, and shake their heads. Only Maretas, the young chief whom we had saved, seemed to care about how we wanted to leave. So we kept our plans for leaving secret in case they wanted to force us to stay.

When I was coming back from visiting Zambo one time, I saw Lord John carrying a large bell-shaped cage.*

"What in the world are you doing?" I asked.

"Visiting my friends, the pterodactyls," he said.

"But why?"

"Interesting beasts, don't you think? I made this so I could explore their swamp."

"But what do you want in the swamp?"

"Don't you think other people besides Professors can want to know things?" he said at last. "I'm studying the pretty dears."

"Oh, sorry," I said.

He turned away, and I left him wandering on through the woods with his extraordinary cage around him. If Lord John's behavior at this time was strange, that of Challenger was more so. The Indian women were fascinated by* him and followed him everywhere. As to Summerlee, he spent the whole time collecting plants and animals to study.

---

musky 사향의, 사향 냄새가 나는　odor 냄새, 향　cage 새장, 우리　be fascinated by ~에 반하다, 매료되다

One night, the young chief came and visited us. He alone of all the Indians was not trying to keep us on the plateau. He handed me a roll of bark paper, and he touched his finger to his lips to show me that I should keep it a secret. I took the piece of bark to the firelight and we examined it together. There were some lines drawn in charcoal* on the white surface.

"Whatever it is, I know it's important. He pointed up to the caves when he gave it to me," I said.

"It's a map of the caves, and here's a cross on it. What's the cross for? It is placed to mark one that is much deeper than the others."

"One that goes out," I cried.

"I believe we would have to go down a hundred feet," said Challenger.

"Well, our rope is still more than a

hundred feet long," I cried. "Surely we could get down."

"How about the Indians in the cave?" Summerlee objected.*

"There are no Indians in any of the caves above our heads," I said. "They are all used as barns and storehouses. Let's go up there now."

We silently snuck up the high caves, where there were no Indians, only huge bats. Then, at last, we lit our torches. We found a beautiful dry tunnel with smooth gray walls covered with native symbols, and white sand beneath our feet. We hurried eagerly along it until we met a rock wall.

"Can we be in the wrong cave?" I suggested. "Wait! I have an idea. Follow me!"

---

charcoal 숯, 목탄 **object** 이의를 제기하다

I hurried back along the way we had come, my torch in my hand.

"We passed through the dark cave for a little bit before we lit our torches. I bet there is a secret tunnel back here in the darkness."

It was as I had said. We walked down that tunnel until we saw red light in the distance. We ran toward this light and then suddenly we were out of the cave and standing under the cliffs of the plateau. The climb down was not difficult. When we had been looking for a way up, we hadn't seen this path because of the angle of the cliffs.

Secretly, we gathered together our remaining supplies and prepared for our departure. Before walking into the tunnel, I turned to look back at Maple White Land one last time. I could hear the singing of the Indians in the distance and the strange cry of some great animal. It was the very voice of Maple White Land saying goodbye. We turned and went down into the cave which led to home.

Two hours later, we, our packages, and all we owned, were at the foot of the cliff. We found Zambo at the camp with twenty Indians. The rescue party had arrived. The next day, we made our way back to the Amazon. Each of us is in his own way a better and deeper man. My dear Mr. McArdle, I hope very soon to shake you by the hand.

Chapter 16

A Procession! A Procession!

런던으로 돌아온 원정대는 동물학회 강연장에서
그들이 목격한 선사 시대의 생물들에 대해 말한다.
불신하는 사람들에게 록스턴 경은 익룡을 보여 주어 그들을 놀래 준다.
말론은 글래디스가 평범한 남자와 결혼한 것을 알게 된다.

I have changed some of the names included in these letters to protect the exact location of the plateau.

As we traveled through South America, it became clear that some of the local people had heard rumors of our adventures and were excited. When we returned to London, we were also met by the excited public and reporters. We refused to give any information until a scheduled conference* on November 7th in the Zoological Hall.

This is the article that was written about our conference:

The Zoological Hall was crowded and packed with both famous scientists from around the world and the general public. The entrance of the four heroes caused the whole audience to rise and cheer. Only a few people looked unhappy.

The travelers have already sent us their photographs that they took during the trip. Compared to when they first left England, they looked thinner and more tanned, but overall they seem in good health. The first speaker introduced the four men and

---

conference 학회, 회의

commented* that romance and exploration was not dead. Everyone should rejoice over* the return of these men.

Professor Summerlee described to the audience the journey to the plateau. He also sincerely* apologized to Professor Challenger and praised his intelligence. Then he described over a dozen animals that science had assumed* were extinct. He told the audience about the many dinosaurs they had seen. He even claimed that they had found ape-men which were the missing link of human evolution.

Suddenly in the middle of these descriptions, Dr. James Illingworth, of Edinburgh, rose in the center of the hall.

DR. ILLINGWORTH: 'In my scientific opinion, I believe that these men are lying.'

PROFESSOR SUMMERLEE: 'This man is a personal enemy. He has personal reasons to accuse us of lying.'

THE CHAIRMAN: 'Mr. Illingworth, please sit down.'

Some people tried to make the scientist sit down again, but he continued to shout. Some other scientists joined him. The general public seemed neutral* in the argument.

He said that just because four men now said the same thing as one didn't make what they said truth. Couldn't all these men just want to be famous, he suggested. Where was their evidence? Some photographs could be faked.

LORD JOHN ROXTON: 'Is this fellow calling me a liar?'

DR. ILLINGWORTH: 'I only wish to say that you have made an interesting lecture, but everything you have said is unproven.'

---

comment 논평하다, 견해를 밝히다 **rejoice over** ~을 기뻐하다 **sincerely** 진심으로 **assume** 추정하다 **neutral** 중립의, 공평한

The audience began to argue among themselves. Some of them supported the travelers and others agreed with Illingworth. Suddenly there was complete silence. Professor Challenger was on his feet.

'If you all remember correctly, Professor Summerlee once accused me of* lying. But I have successfully convinced him. I have successfully taken all three of these men to this lost land and brought them back home. They now agree totally with me. As explained by Professor Summerlee, our cameras were destroyed by the ape-men when they attacked our camp. So most of our photos were ruined,' said the bearded* Professor Challenger. Some of the audience booed.*

'We did show you some photographs. Could we have faked them all?' Some of the people said, 'yes.' 'We also showed you Professor Summerlee's collections of butterflies and beetles, containing many new species. Was this not evidence?'

DR. ILLINGWORTH: 'You do not have to go to a prehistoric plateau to find new butterflies and beetles.'

PROFESSOR CHALLENGER: 'I will show you a picture of a pterodactyl.'

DR. ILLINGWORTH: 'No picture could convince us of anything.'

PROFESSOR CHALLENGER: 'You need to see the thing itself?'

DR. ILLINGWORTH: 'Of course.'

PROFESSOR CHALLENGER: 'And you would accept that?'

DR. ILLINGWORTH: (laughing) 'Yes.'

Suddenly, the crowd became quiet with anticipation. Mr. Malone was joined on stage by a large African man. They both went back stage and returned with a very large package. Professor Challenger opened

---

accuse A of B A를 B로 비난하다   bearded 턱수염을 기른   boo 야유하다
top 뚜껑

the top* of the case. 'Come, then, pretty, pretty!' he called into the box. An instant later, a horrible creature climbed up out of the box. It watched the audience with two small red eyes as bright as burning coal. Its long, savage mouth was full of a double row of shark-like teeth. The audience went into chaos. Some of the ladies fainted.

Then the creature opened its wings and began to fly in circles around the room. It smelled horrible. Faster and faster it flew.

In a moment, the creature squeezed through* the window in the ceiling and was gone. Depressed, Professor Challenger fell back into his chair with his face buried in his hands, while the audience gave one long, deep sigh of relief.

Then the whole audience began to chant* and cheer.* They picked the four men up on their backs and carried them like heroes.

So that is what happened. Bringing the baby pterodactyl back wasn't easy. We spent many hours feeding the smelly creature fish on our journey home from the Amazon. I do not know what happened to the animal, but some women claimed to have seen it sitting on a church. I also read an article a couple of weeks later about an American sailor on the Atlantic who claimed to have shot a strange flying beast.

And what about Gladys? Did she love me now that I was a scientific hero and adventurer? When I visited her house, she was sitting under a lamp near the piano. In three steps I was across the room and had both her hands in mine.

"Gladys!" I cried.

---

squeeze through ~을 비집고 통과하다 **chant** 구호를 외치다, 연호하다
cheer 환호하다

She looked up with amazement in her face. She looked different. She pulled her hands away from me. Suddenly, I was shaking hands with a small man with red hair.

"You didn't get my letter."

"No, I got no letter."

"Oh, what a pity! It would have made all clear."

"It is quite clear," I said.

"I've told my husband all about you," she said. "We have no secrets. I am so sorry about it. I guessed you didn't love me much because you left me to go to the other side of the world. Are you upset?"

"No, no, not at all." I said, turning to her husband. "But how did you do it? Have you searched for hidden treasure, or discovered something? What adventure did you go on?"

He stared at me with a hopeless*

expression.*

"I am just a clerk,*" he said.

"Good night," I said and plunged into* the darkness, with grief and laughter all simmering within me.

I have one more little scene to tell you.

Last night, Challenger, Summerlee, Lord John Roxton, and I met and ate together. It was after supper that Lord John Roxton had something to say to us.

"You may remember that day we found the pterodactyl rookery in the swamp. Did you remember the blue clay?"

The Professors nodded.

"There is only one other place in the world that I have seen clay like that. It was in the diamond mines of South Africa. Look at what I dug up."

---

hopeless 절망적인, 체념한 **expression** 표정, 안색 **clerk** 사무원, 서기
plunge into ~ 속으로 뛰어들다

He opened a box and poured about twenty or thirty rough diamond stones the size of beans on the table.

"I asked a jeweler how much they would be worth. He prices the lot at a minimum of two hundred thousand pounds. We can split it equally. Well, Challenger, what will you do with your fifty thousand?"

"I've always wanted to open a private museum," said Challenger.

"And you, Summerlee?"

"I would retire* from teaching to study fossils," said Summerlee.

"And I want to explore the plateau again. Will you get married, Malone?"

"Not just yet," I said. "I think that I would rather go with you."

Lord Roxton stretched his hand out to me across the table without saying a word.

---

retire 은퇴하다, 물러나다

전문번역

영웅적인 행동들은 우리 주변에 널려 있다

p.14 내 여자 친구 글래디스의 아버지인 헝거튼 씨는 내가 여태껏 만난 가장 어리석은 사람들 중 한 명이었다. 그분은 한 마리 새처럼 계속해서 떠들어대는 것을 좋아했다. 그분은 경제와 무역에 대해 말도 안 되는 견해를 가지고 있었다. 그날 저녁 한 시간 이상 나는 그분이 불평하는 소리를 들었다.

"모든 사람들이 지금 당장 빚을 모두 갚아야 한다면 어떨까?" 헝거튼 씨가 소리를 질렀다.

p.15 "저는 파산한 남자가 될 거예요!" 내가 대답했다. "저한테는 그만한 돈이 없거든요!"

"자네는 돈을 더 현명하게 써야 하네." 헝거튼 씨가 툴툴거리고서 방을 떠났다.

마침내 나는 글래디스와 단둘이 있게 되었다.

글래디스는 당당하고 우아한 모습으로 붉은색 커튼 옆에 앉아 있었다. 그녀가 얼마나 아름다웠던지! 하지만 글래디스는 쌀쌀맞았다! 우리는 친구 사이였지만 나는 그녀에게서는 내가 남자 친구들에게 느끼는 것만큼 친밀감을 느끼지 못했다. 하지만 그것은 괜찮았다고 생각한다. 너무 속속들이 잘 아는 여자에게는 매력을 느낄 수 없는 법이니까.

글래디스는 쌀쌀맞을지는 모르지만 구릿빛 피부에 진한 검은색 눈동자와 아주 붉은 입술을 가지고 있었다. 그녀는 마음속에 어떤 깊은 열정을 가지고 있음이 분명했다. 그녀가 나를 거절할까? 나는 누구나 인정하는 형제 관계보다는 차라리 거부당한 연인이 되리라. p.16 우리는 한동안 말없이 앉아 있었다.

"내 생각일지는 모르지만 네가 나한테 물어보려는 것은 물어보지 않으면 좋겠어." 글래디스가 마침내 말을 꺼냈다.

"내가 무엇을 물어볼지 어떻게 알았어?" 내가 물었다.

"여자들은 늘 알지 않아? 그런데 네드, 우리 우정은 아주 괜찮고 아주 기분 좋은 것이었어! 너는 왜 그것을 바꾸고 싶어 하는 거야? 너는 젊은 남녀가 우리가 대화를 나눠 왔던 것처럼 서로 얼굴을 맞대고 대화할 수 있어야 한다는 생각이 마음에 들지 않는 거야?"

"잘 모르겠어, 글래디스. 알잖아, 내가 거리에서 어떤 남자와도 얼굴을 맞대고 대화할 수 있다는 거. 그런 것은 내게 만족감을 주지 않아. 나는 내 품에 너를 안고 싶어…… 오, 글래디스, 내가 원하는 것은……."

그녀가 의자에서 벌떡 일어났다. "너는 모든 것을 망쳐 놓았어, 네드." 그녀는 말했다. "너는 왜 자제를 못하는 거야?"

"그건 본성이야. 사랑인걸."

"글쎄, 두 사람이 서로 사랑하고 있는 거라면 어쩌면 다를지도 모르겠지. p.17 나는 한 번도 그런 감정을 느껴 보지 못했어."

"그런데 너는 왜 나를 사랑할 수 없는 거야, 글래디스? 내 외모 때문이야, 아니면 다른 뭐가 있어?"

"아니야, 그런 게 아니야." 마침내 글래디스가 말했다.

"내 성격 때문이야?"

그녀는 고개를 끄덕였다.

"그걸 바꾸려면 내가 뭘 하면 돼? 제발 얘기해 줘!"

글래디스가 믿지 못하겠다는 듯이 나를 바라보았는데, 사실 나는 자신감 있는 그녀의 모습보다 그런 모습을 더 좋아했다. 그래도 글래디스는 앉아 있기는 했다.

"그럼 말해 볼래? 내 문제가 뭐야?"

"나는 다른 누군가를 사랑해." 그녀가 말했다.

의자에서 벌떡 일어나는 것은 내 차례였다.

"특별히 누가 있는 것은 아니야. 이상형일 뿐이지. 아직 그 사람을 만난 적도 없어."

"그 사람에 대해서 말해 봐. 어떻게 생겼어?"

p.18 "오, 그 남자가 너랑 아주 닮아 있을지도 몰라."

"네가 그런 말을 해 주다니 참 눈물 난다! 그런데 그 사람은 내가 하지 않는 어떤 일을 하는 거야? 무엇을 해 봐야 하는 건지 나한테 말해 줘. 너를 기쁘게 하기 위해서 내가 그렇게 해 볼 테니까."

글래디스는 웃었다. "글쎄, 우선 내 이상형은 그런 식으로 말하지는 않을 거야. 그는 너보다는 무정한 사람이라 어리석은 여자를 위해 자기 자신을 기꺼이 바꾸려고 하지도 않을걸. 하지만 무엇보다 그는 분명 죽음의 신을 똑바로 쳐다보고 그 신을 두려워하지 않는 사람일 거야. 나는 위대하고 기이한 일을 한 남자라야 사랑할 수 있을 거야. 나는 그의 숭고하고 위대한 업적이 내게 투영되기를 원해."

글래디스의 열정적인 모습이 무척 아름답게 보였다.

"우리 모두가 대단한 사람이 될 수는 없어." 내가 말했다. "게다가 나는 한 번도 그런 기회를 가지지 못했어. 내게 기회가 있다면 나는 그 기회를 잡으려고 노력할 거야."

"하지만 기회는 네 주변에 온통 널려 있어. 너는 그저 그것들을 잡기만 하면 돼. 지난주에 자기 연인을 위해 풍선을 타고 하늘로 올라갔던 젊은 프랑스 남자를 봐. p.19 바람이 그를 24시간 만에 1,500마일을 날려 보냈고 그는 러시아 한가운데에 떨어졌어. 그가 사랑했던 여자를 생각해 봐. 그리고 다른 여자들이 얼마나 그녀를 부러워했을지를!"

"너를 기쁘게 하기 위해서라면 나도 그렇게 했을 거야."

"하지만 단지 나를 기쁘게 하기 위해 그렇게 해서는 안 돼. 네 자신이 그렇게 하지 않으면 못 견디거나 그렇게 하는 것이 너에게는 당연하기 때문에 그렇게 해야 하는 거야. 자, 말해 봐. 네가 지난달에 위건의 탄광 폭발을 기사로 썼을 때 네가 내려가서 그 사람들을 도울 수는 없었던 거야?"

"그렇게 했어."

"몰랐어." 글래디스는 조금 더 흥미를 느끼며 나를 바라보았다. "그랬다면 넌 참 용감했구나."

p.20 "그래야만 했어. 좋은 뉴스 기사를 쓰고 싶다면 사건이 벌어지는 곳에 있어야 하거든."

"그런 식으로 그 이야기를 한다면 낭만적으로 들리지가 않잖아!" 글래디스는 내게 손을 내밀었다. "우습게 들릴지 모르지만 그게 바로 내 모습이야. 결혼한다면 나는 유명한 사람과 결혼하고 싶어!"

"못할 이유도 없잖아?" 내가 외쳤다. "나한테 기회를 줘. 그리고 내가 그 기회를 잡을지 어떨지 두고 봐. 게다가 네 말대로 남자들은 자기 기회를 잡아야 하잖아. 기회가 주어질 때까지 기다리지 말고."

글래디스가 웃었다. "안 될 것도 없지. 너는 젊음, 건강, 힘, 교육, 정력 등 남자라면 가질 수 있는 모든 것을 가지고 있어. 저는 더 이상 할 말이 없답니다, 아저씨! 너 30분 전에 저녁 근무를 서러 사무실에 있었어야 했잖아. 언제가 될지는 모르겠지만 네가 세상에서 네 몫을 하게 되면 우리 다시 그 문제에 대해 이야기해."

그렇게 해서 그 안개 낀 11월 저녁에 내 몸속의 심장은 달아오르고 있었다. p.21 나는 나의 여인의 관심을 끌 무언가를 하겠다고 결심했다. 하지만 그 결심이 나를 어디로 이끌지 내가 과연 상상이나 할 수 있었겠는가?

그 당시 데일리 가제트지 사무실에 있는 나를 보면 나는 가장 별 볼일 없는 직원으로 재직 중이었다. 글래디스가 나한테 자신의 영광을 위해 내 목숨을 걸라고 요청하게 만든 것은 무정함이나 이기심이었을까? 나이를 더 먹은 지금에서야 이것을 깨닫고 있지만 내가 겨우 스물세 살의 청년이었고 사랑에 빠졌던 그 시절에는 그것을 깨달을 수 없었다.

자네가 챌린저 교수에 대해 운이 좋을지 시험해 보게

p.22 나는 심술궂고 나이 많은 빨간 머리의 뉴스 편집장인 맥아들 씨가 늘 마음에 들었고 그도 내가 마음에 들기를 바랐다. 물론 보몬트 씨가 실제적인 상사이기는 했다. 하지만 그의 마음은 큰 사건을 생각하느라고 항상 다른 곳에 가 있었다. 보몬트 국장은 우리보다 훨씬 윗자리에 있었다. 하지만 맥아들 씨는 나머지 우리와 관계를 맺어야 하는 사람이었고 우리가 잘 아는 사람이었다. p.23 그 나이 드신 분이 내가 방에 들어갔을 때 고개를 끄덕였다.

"그래, 말론 군, 내가 들은 바로는 자네 아주 잘하고 있는 것 같더군." 맥아들 씨가 친절하게 말했다.

나는 맥아들 씨에게 감사하다고 말했다.

"최근 자네 기사들이 정말로 괜찮거든. 무슨 일로 나를 만나고 싶었던 건가?"

"부탁을 좀 드리려고요."

"뭐지?"

"편집장님, 제가 신문에 기사를 실을 만한 취재거리에 저를 보내 주실 수 있나 해서요."

"어떤 종류의 취재거리에 마음을 두고 있나, 말론 군?"

"글쎄요 편집장님, 모험과 위험이 있는 일이라면 무엇이든지 좋아요."

"자네는 목숨을 잃고 싶어 안달이 난 것 같군."

p.24 "보람 있는 삶을 살고 싶어서요, 편집장님."

"그런가! 내가 자네를 도울 수 있을지 어떨지는 모르겠네. 위험이 따르는 취재거리에는 경력자들만 보낼 수 있네. 지도에 있는 큰 여백은 다 채워지고 있는 중이고 낭만을 위한 공간은 어디에도 없다네. 하지만 조금 기다려 보게." 맥아들 씨가 얼굴에 불현듯 미소를 띠며 덧붙였다. "내가 자네에게 거짓말쟁이들과 사기꾼들을 밝혀 낼 일을 주면 어떤가? 마음에 드나?"

"뭐든지…… 어디든지…… 상관없습니다."

맥아들 씨는 한동안 생각에 잠겼다.

"자네는 사람들이 자네를 좋아하게 만드는 재주가 있는 것 같군. 자네가 이런 사람들 중 한 명을 알고 지내면서 자네를 신뢰하게 만들 수 있을 것 같나?"

"할 수 있을 것 같습니다, 편집장님."

"자네 엔모어 파크의 챌린저 교수와 가까워질 수 있겠나?"

"챌린저요!" 내가 외쳤다. "챌린저 교수라면 그 유명한 동물학자잖아요! 텔레그래프지의 기자를 폭행했던 그 사람 아닙니까?"

p.25 뉴스 편집장은 음흉하게 미소를 지었다.

"마음에 걸리나? 자네가 모험을 원한다고 하지 않았나?"

"그것이 제가 하기를 원하시는 일이라면 하겠습니다." 내가 대답했다.

"그 사람이 늘 그렇게 폭력적인 것 같지는 않네. 자네는 운이 더 좋을지도 모르지."

"실은 저는 그분에 대해 아무것도 모릅니다." 내가 말했다.

"자네를 위해 내가 메모를 좀 해 둔 것이 있네, 말론 군. 나는 그 교수를 얼마동안 지켜보고 있었지." 맥아들 씨는 서랍에서 종이를 꺼냈다. "여기 요약한 게 있네.

챌린저, 조지 에드워드. 출생: 1863년. 학력: 에든버러 대학교에서 인류학과 동물학을 전공함. 해골과 척추동물의 진화에 관심이 있음. p.26 그가 발표한 과학 분야의 기사들은 그의 분야에 속한 다른 과학자들 사이에서 수많은 토론과 논쟁을 일으킴.

여기, 이것을 가져가게. 오늘 밤에는 자네에게 더 줄 것이 없네."

나는 그 종이 한 장을 주머니에 집어넣었다.

"잠깐만요, 편집장님." 내가 말했다. "저는 제가 왜 이 신사분을 취재해야 하는지 아직 잘 모르겠어요. 그분이 무슨 일을 한 건가요?"

"챌린저 교수는 2년 전 남미로 단독 탐험을 갔다가 작년에 돌아왔어.

그가 무슨 일이 있었는지 말을 꺼내기 시작했다가 갑자기 중단했어. 무언가 굉장한 일이 일어났던가 아니면 그 남자는 거짓말 선수인 거야. 그는 사람들이 조작된 것이라고 하는 손상된 사진들을 좀 가지고 있어. 그는 누구든 질문을 너무 많이 하는 사람은 폭행을 해. 특히 기자들을. 내 생각에 그는 우연히 과학을 좋아하게 된 폭력적인 미치광이일 뿐이야. 그 사람이 자네가 만날 사람이네, 물론 군. p.27 이제 가 보게."

나는 밖으로 걸어 나왔고 생각에 잠겨 기름 낀 거무스름한 강을 한참 바라보았다. 그때 내게 묘안이 떠올랐다. 그 교수는 나를 기자로 여기지 않게 되겠지만 내가 그에게 과학 이야기를 하면 어떻게 될까? 시도는 해 봐야겠지.

나는 챌린저 교수를 찾을 수 있는 클럽에 들어갔다. 나는 불가의 의자에 앉아 있는 키 크고 마른 남자를 알아보았다. 그는 내가 자기 옆에 앉았을 때 돌아보았다. 그는 친절한 얼굴을 가진 천생 과학자였다.

"자네는 챌린저 교수에 대해 무엇을 알고 있나?"

"챌린저 교수? 챌린저 교수라면 조작된 이야기를 남미에서 가지고 온 사람이었잖아."

"무슨 이야기인데?"

"오, 그건 그 교수가 발견했다는 이상한 동물들에 대한 헛소리였어. p.28 그 교수는 그 이후 그 이야기를 철회했다는 것 같아."

"설마! 챌린저 교수에 대해 해 줄 이야기가 더 없는 거야?"

"글쎄, 자네도 알다시피 나는 세균학자야. 나는 내 눈으로 직접 보기 전에는 어떤 것도 심각하게 받아들일 수가 없어. 챌린저 교수에 대한 이야기를 들어 보기는 했지. 그 사람은 누구도 무시할 수 없는 그런 사람들 가운데 한 명이니까. 그 사람은 무척 머리가 좋고 열정이 가득하지만, 항상 싸움을 벌여. 그는 또 통속 과학을 좋아해. 그 사람은 사람들이 듣고 싶어 하는 것을 이야기할 뿐이야. 챌린저 교수는 남미에서 찍은 사진들을 조작하기까지 했다니까."

"통속적이라는 것은 무슨 뜻이지?"

"챌린저 교수가 최근 진화에 관해 뭐라고 주장을 한 게 있어."

"정확하게 뭔데?"

"사무실에 그것을 파일로 철해 두었어. 갈래?"

p.29 "그게 바로 내가 원하는 바야. 내가 그 교수를 취재해야 하거든.

나를 도와주는 것을 보면 너는 참 친절하다니까. 너무 늦은 시각만 아니라면 지금 너와 같이 갈게."

30분 후 나는 내 앞에 커다란 책을 놓고 그의 사무실에 앉아 있었는데, 그 책은 '바이스만 대 찰스 다윈'이라는 논문에 펼쳐져 있었다. 나는 결코 좋은 과학도가 아니었으므로 그 책에서 기술하는 과학자들의 모임에서 일어났던 일을 정확히 이해할 수 없었다. 나는 챌린저 교수가 공격적이고 무례했다는 것을 알 수 있었다. 그는 그곳에 있던 다른 과학자들 대다수와 열띠게 논쟁을 했고 논쟁거리가 많은 발언을 했다.

"자네가 나를 위해 그것을 쉬운 말로 번역해 줄 수 있다면 좋겠는데." 나는 내 조력자에게 애절하게 말했다.

p.30 "그게 쉬운 말로 된 거야. 과학자가 아닌 사람에게는 꽤 어렵지."

"나는 챌린저 교수에게 편지를 쓸 거야. 내가 여기서 편지를 쓰고 이 주소를 사용해도 되겠어?

"괜찮아. 하지만 그 편지가 가기 전에 내가 읽어 보고 싶어."

편지 쓰는 것을 다 끝냈을 때 나는 그 세균학자에게 편지를 다시 읽어 주었다.

친애하는 챌린저 교수님께,

보잘것없는 과학도로서 저는 항상 다윈과 바이스만의 차이점에 깊은 관심을 가져왔습니다. 저는 최근에 비엔나에서 하신 교수님 강연 내용을 읽을 기회가 있었습니다. 제가 보기에는 교수님께서 여태까지 없었던 최고의 논쟁을 벌이셨고 교수님의 전체적인 논지에 대해 언쟁을 벌일 수 있을 만한 사람이 아무도 없을 것 같습니다.

'나는 각각의 생물들이 세대를 거쳐 천천히 일어난 그들 나름대로의 진화의 역사를 갖는다는 것에 대해 전적으로 반대한다.'라는 문장이 있더군요. p.31 교수님께서는 이러한 발언이 다소 너무 강경하다고 생각하지 않으십니까? 저는 깊은 존경심을 가지고 있는 바이나 교수님께서 어째서 그렇게 강경하게 느끼시는지 궁금합니다. 허락해 주신다면 모레 아침 (수요일) 11시에 교수님 댁을 방문하고 싶습니다.

깊은 존경심을 가지고 있는 진정한 벗
에드워드 D. 말론 올림

"그 정도면 어때?" 내가 물었다.

"글쎄, 자네는 거짓말쟁이야. 하지만 자네만 괜찮다면 수요일 아침에 내가 여기에서 자네를 위해 답장을 받아 주지. 그 교수는 폭력적이고 위험한 데다 어쩌다 그 사람을 만나게 된 모든 사람들한테 미움을 받고 있어. 어쩌면 그 사람한테 답장을 받지 못하는 것이 자네에게는 가장 좋을지도 몰라."

그는 완전히 못 말리는 사람입니다

p.32 내가 수요일에 방문했을 때 웨스트 킹스턴 우체국 소인이 찍혀 있는 편지가 있었고 봉투에는 내 이름이 가로질러 쓰여 있었다. 그 편지봉투에는 '엔모어 파크, W.'라고 적혀 있었다.

선생,

선생의 편지는 받았습니다. 선생은 내 의견에 동의한다고 주장하지만 선생이든 다른 누구든 내 의견에 동의하건 말건 내가 맞습니다. p.33 하지만 선생은 나를 모욕하려는 게 아니라 그저 잘 모르는 것처럼 보이는군요. 선생은 내 강연 중에서 한 문장을 인용하는데 그것을 이해하는 데에 어려움이 좀 있어 보이네요. 나는 멍청이들이나 내 말의 요지를 이해하지 못할 것이라고 생각했습니다. 나는 내 의견을 바꾸지 않을 겁니다. 하지만 그것에 관해 선생과 대화를 나누기는 하겠습니다. 이 편지를 내 집사에게 보여 주면 그가 선생을 집 안으로 들여보내 줄 것입니다. 나는 자신을 '기자'라고 부르는 그런 벌레 같은 인간들 중 어느 누구라도 만나지 않도록 조심해야 합니다.

선생의 벗,

조지 에드워드 챌린저 드림

내가 그 전갈을 받기 전에 이미 거의 10시 30분이 다 되어 있었지만 택시는 나를 약속 시간에 늦지 않게 데려다 주었다. 집은 매우 컸고 교수는 분명히 부자였다. p.34 무척 나이 많은 남자가 나를 문가에서 맞았다.

"오시기로 되어 있으십니까?" 노인이 물었다.

"약속을 했습니다."

"편지는 가져오셨습니까?"

나는 편지봉투를 내놓았다.

"알겠습니다!" 그는 말수가 적은 사람 같았다. 그를 따라 복도를 내려가는데 갑자기 체구가 작은 여자가 내 길을 가로막았다. 밝고 생기 있는 검은 눈동자를 가진 여자였다.

"잠깐만요." 그녀가 말했다. "기다려요, 오스틴. 여기로 들어오세요, 선생님. 전에 제 남편을 만난 적이 있는지 여쭤 봐도 될까요?"

"아니요, 부인. 그런 영광은 한 번도 누려 보지 못했습니다."

"그럼 선생님께 사과를 드릴게요. 그이가 완전히 못 말리는 사람이라는 것을 말씀드려야겠어요."

"마음 써 주셔서 감사합니다, 부인."

"그이가 폭력적이 될 것 같으면 얼른 방에서 나오세요. 그 사람이랑 언쟁이 벌어질 때까지 계시지 말고요. p.35 몇 분이 그러다가 다치셨거든요. 선생님께서 그이를 만나시려는 것이 남미에 관한 일 때문은 아니겠죠?

나는 여자에게 거짓말을 못 했다.

"세상에! 그건 가장 위험한 주제예요. 그이를 믿는 척하세요. 그러면 선생님은 무사히 이야기를 마치실 수 있을 거예요. 그이는 그 이야기를 믿는다는 것을 기억해 두세요. 여태 그이보다 더 정직한 사람은 없었어요. 그이가 위험해 보이면 종을 울려서 저를 부르세요."

이런 격려의 말을 해 주고서 부인은 나를 오스틴에게 인계했고 나는 복도 끝으로 안내되었다. 문은 열려져 있었고 나는 교수와 대면했다.

챌린저 교수는 넓은 탁자 뒤의 의자에 앉아 있었는데 그 탁자는 책과 지도, 도해로 뒤덮여 있었다. p.36 그의 외모는 나의 숨을 턱 막히게 했다. 그의 성격은 아주 강해 보였다. 교수의 머리는 아주 컸는데, 내가 이제까지 본 인간들에 비할 때 가장 컸다. 그는 내게 황소를 떠올리게 하는 까맣다 못해 거의 푸른색으로 보이기까지 하는 턱수염을 기른 얼굴을 하고 있었다. 그의 강렬한 눈은 푸른빛이 도는 회색이었다. 그의 어깨와 가슴은 맥주통처럼 떡 벌어졌고 아주 커다란 두 손은 길고 검은 털로 덮여 있었다.

"뭔가?" 그가 말했다. "이번에는 또 무슨 일인가?"

"교수님께서는 저와 만날 약속을 잡아 주실 만큼 제게 마음을 써 주셨습니다." 내가 그가 보낸 편지봉투를 내놓으며 겸손하게 말했다.

그는 내 편지를 그의 책상에서 꺼내서 자기 앞에 펼쳐 놓았다.

"오, 자네가 쉬운 말도 이해하지 못하는 그 청년이군, 그런가?"

"그게 저라는 사람이죠, 교수님!" 내가 수줍어하며 대답했다.

"이 일을 어쩌나! 자네의 나이와 외모가 (나에 대한) 자네의 지지를 두 배로 가치 있게 만들어 주는군. p.37 그러니까 적어도 자네는 비엔나의 저 머저리 같은 과학자들보다는 나아." 챌린저 교수는 나를 쏘아보았다.

"그들이 형편없이 굴었나 보군요." 내가 말했다.

"내가 나 혼자만의 싸움을 할 수 있다는 것과 나한테는 자네의 동정 따위가 전혀 필요할 일이 없다는 것을 자네에게 장담하지. 자네는 내 강연에 대해서 할 말이 있다고 했지?"

나는 무슨 말을 해야 할지 생각해 보려고 했다. 챌린저 교수는 아주 단도직입적이었다!

"물론 저는 그저 학생에 불과합니다." 내가 말했다. "교수님께서는 바이스만을 너무 몰아붙이시는 것 아닌가요? 최근의 증거는 그의 입장을 강화시켜 주는 것 같은데요."

"무슨 증거?" 챌린저 교수가 침착하게 말했다.

p.38 "저기, 물론 교수님께서 확실한 증거라고 부르실 만한 어떤 것도 가지고 계시지 않다는 것은 압니다만……."

챌린저 교수는 매우 진지해져서 앞으로 몸을 숙였다.

"나는 자네가 두개골 지수가 지속적 요소라는 것을 알고 있다고 생각하는데?"

"물론이죠." 내가 말했다.

"그런데 그게 무엇을 입증해 주지?" 챌린저 교수가 부드러운 목소리로 물었다.

"그게 무엇을 입증해 주는데요?"

"내가 말해 줄까?"

"말씀해 주세요."

"그것은 자네가 런던에서 제일가는 거짓말쟁이라는 것을 증명하지! 자네는 혐오스럽고 줏대 없는 기자 나부랭이잖아!"

챌린저 교수는 격렬한 분노의 눈빛을 띠며 벌떡 일어섰다. 나는 그가 실제로는 매우 키가 작은 사람인 것을 보고 놀랐다.

"내가 이전에 말했던 것은 다 헛소리였어, 멍청아! 자네는 모두가 자네에게 그냥 고개를 숙여야 한다고 생각하나? p.39 자네는 여기저기에 몇 마디 말을 써서 한 사람의 명성을 망쳐 놓는 것이 자네의 권리라고 생각하지? 쥐새끼 같은 녀석, 나는 자네 같은 자들을 알아! 포기해, 말론 군! 자네는 꽤 위험한 게임을 했고, 자네가 그 게임에서 졌어."

"이보세요, 교수님." 내가 문 쪽으로 물러서서 문을 열며 말했다. "제게 고함을 치셔도 됩니다. 하지만 저를 폭행하시면 안 돼요."

"내가 못할까?" 챌린저 교수는 천천히 그의 커다란 손을 호주머니에 넣었다. "나는 자네 같은 자들 몇 명을 집 밖으로 내던져 버렸어. 자네는 너 다섯 번째쯤 될 거야." 교수는 내 쪽으로 걸어오기 시작했다.

나는 복도의 문을 향해 도망갈 수도 있었지만 그러면 너무 수치스러운 일이 되었으리라.

"교수님한테는 저를 폭행할 권리가 없어요. 제가 그렇게 하시지 못하게 할 거예요."

p.40 "자네가 그렇게 못하게 하겠다고, 어?"

"그렇게 바보처럼 굴지 마세요, 교수님!" 내가 외쳤다. "무슨 기대를 하실 수 있는데요? 저는 런던 아일랜드 팀에서 럭비를 해요. 저는 약하지 않다고요……."

챌린저 교수가 내게 달려든 것은 바로 그 순간이었다. 교수는 나를 문 밖으로 넘어뜨렸다. 우리는 복도를 지나가는 내내 계속 싸웠고 오스틴이 현관문을 열었다. 우리는 공중제비를 하며 현관 계단 밑으로 내려갔다. 마침내 챌린저 교수가 벌떡 일어섰고 주먹을 휘두르며 숨을 몰아쉬었다.

"이제 됐나?" 챌린저 교수가 숨을 헐떡였다.

"교수님은 지독하게 못된 인간이에요!" 내가 마음을 추스르며 외쳤다.

경찰 한 명이 우리 옆에 있었는데 그는 손에 수첩을 들고 있었다.

"이게 다 무슨 일입니까? 창피한 줄 아십시오." 경찰이 말했다.

"이분이 저를 폭행했어요." 내가 말했다.

"당신이 저 사람을 폭행했습니까?" 경찰이 물었다.

p.41 챌린저 교수는 숨을 몰아쉬며 아무 말도 하지 않았다.

"이게 처음도 아니지요." 경찰이 말했다. "당신은 지난달에도 똑같은 일로 문제를 일으켰어요. 이 청년의 눈을 멍들게 했군요. 이 사람을 고소하기를 원합니까?"

"아니요." 내가 말했다. "아닙니다."

"그건 왜죠?" 경찰이 말했다.

"제 잘못이었어요. 저분은 저한테 합당한 경고를 해 줬어요."

경찰은 자기 수첩을 냉큼 덮었다.

"이런 일이 다시는 일어나지 않도록 해 주세요." 경찰이 말했다. 경찰은 걸어서 길을 내려가기 시작했다. 챌린저 교수는 나를 쳐다보았고 그 눈빛 뒤로 무언가 익살스러운 것이 있었다.

p.42 "들어오게!" 챌린저 교수가 말했다. "나는 아직 자네와 볼일이 끝나지 않았어."

나는 조금 걱정이 되었지만, 그래도 챌린저 교수를 따라 다시 집으로 들어갔다.

그것은 정말로 세상에서 가장 큰 사건입니다

p.43 챌린저 교수 부인이 식당에서 뛰쳐나왔다. 체구가 작은 그 여인은 격노했다. 부인은 불도그 앞에 선 분노한 닭처럼 보였다. 부인은 내가 나간 것을 보기는 했지만 내가 돌아온 것은 보지 못한 것이 분명했다.

p.44 "조지, 이 짐승 같은 사람!" 부인이 소리쳤다. "당신이 그 착한 청년을 다치게 했군요."

"그 청년은 여기 내 뒤에 무사히 있어."

부인은 혼란스러워했다.

"정말 미안해요. 선생님을 못 봤어요."

"괜찮습니다."

"저이가 선생님의 가엾은 얼굴에 상처를 냈군요! 더는 못 참아요. 이번으로 끝내요."

"별 일 아니야." 챌린저 교수가 불평했다.

"그런 일은 비밀이 아니에요." 부인이 외쳤다. "런던에 있는 모든 사람들이 당신 이야기를 하고 있어요! 당신은 훌륭한 대학교에서 수많은 학생들 모두가 우러러보는 교수였어야 할 사람이에요. 당신의 체면은 어디에 있는 거예요, 조지?"

"당신의 체면은 어떻고, 여보?"

"고함 치고 화만 내는 못된 인간!"

"그만하면 됐소!" 챌린저 교수가 말했다.

놀랍게도 챌린저 교수는 부인을 들어 올려 그녀를 검은 대리석으로 만든 높은 동상 받침대에 앉혀 놓았다. 그것은 적어도 높이가 7피트는 되었고 너무 가늘어서 부인은 그 위에서 균형을 잡을 수가 없었다.

p.45 "내려 줘요!" 부인이 울부짖었다.

"서재로 들어오게, 말론 군."

"설마요, 교수님!" 나는 부인을 바라보며 말했다.

"여기 당신을 위해 애원하는 말론 군이 있군, 제시. '제발요'라고 말하면 당신을 내려 주지."

"오, 이 못된 인간! 제발요! 제발!"

챌린저 교수는 마치 자기 부인이 카나리아였던 양 그녀를 내려놓았다.

"얌전하게 굴어야지, 여보. 말론 군은 신문사에서 왔어. 당신에 대해서 고약한 말을 쓸지도 몰라."

"교수님은 정말 심하십니다!" 내가 말했다.

챌린저 교수는 배꼽이 빠져라 웃었다.

"이제 우리끼리 할 진지한 이야기들이 있소. 도망치시오, 귀여운 여인, 그리고 걱정은 하지 마시오." p.46 챌린저 교수가 커다란 손을 부인의 양어깨 위에 올려놓았다. "당신이 말하는 것이 다 전적으로 옳아. 당신이 충고하는 일을 했다면 나는 더 나은 사람이 되어 있을 테지만 그러면 조지 에드워드 챌린저라는 사람은 아닐 거야." 교수가 갑자기 부인에게 진한 입맞춤을 했고, 그것은 나를 당황스럽게 했다. "자, 말론 군, 이쪽으로 오게."

우리는 다시 방으로 들어갔다. 챌린저 교수는 우리 뒤로 살살 문을 닫았다.

"나는 자네를 내 집 밖으로 내던질 합당한 이유가 있었어. 하지만 자네가 그 경찰에게 한 대답이 자네와 같은 일을 하는 다른 자들과 자네가 다를지도 모른다는 것을 나한테 알려 주더군. 이런 이유로 자네에게 같이 돌아가자고 했던 것일세."

이 모든 이야기를 그는 마치 교수가 그의 강의를 듣는 학생들에게 강의하듯이 말했다. 교수는 마치 거대한 황소개구리처럼 보였다. 그는 종이 무더기 아래에서 스케치북을 끄집어냈다.

"나는 자네에게 남미에 대해 이야기를 해 줄 거야." 챌린저 교수가 말했다. "괜찮다면 아무 말도 하지 말아 주게. p.47 우선 내가 지금 자네에게 해 주는 말은 내 허락을 받지 않는 한 그 어느 것도 공식적인 어떤 방법으로도 되풀이되어서는 안 된다는 것을 알아두기를 바라네. 그런 허락은 아마 절대 받지 못할 거야. 알겠나?"

"매우 어려운 일입니다." 내가 말했다.

"그럼 이걸로 끝이네." 챌린저 교수가 말했다. "아주 기분 좋은 아침을 보내기를 바라겠네."

"아닙니다, 아니에요!" 내가 외쳤다. "어떤 조건에도 동의합니다."

챌린저 교수는 의심어린 눈초리로 나를 바라보았다.

"약속합니다, 교수님." 내가 화를 내며 말했다.

"둥근 머리." 교수가 중얼거렸다. "납작한 얼굴, 회색 눈, 검은 머리······ 아일랜드 인인가?"

"아일랜드 인 맞습니다, 교수님."

"물론 그렇겠지. 그러면 설명이 되잖아. 우선 자네는 2년 전에 내가 남미로 여행을 갔다는 것을 아마 알고 있을 거야. p.48 내 여행의 목적은 왈래스와 베이츠가 내린 결론을 입증하기 위한 것이었어. 하지만 거기 있는 동안 호기심을 일으키는 사건 하나가 내게 일어났지.

자네도 아마존 강의 일부 지역 근처에 있는 나라는 아직도 부분적으로만 탐험이 이루어졌고 수많은 작은 강들이 큰 강으로 흘러들어간다는 것을 알 거야. 나는 이 나라를 찾아 가서 그곳의 동물들을 조사하기로 결심했네. 내가 돌아갔을 때 나는 원주민 몇 명과 밤을 보냈네.

그 원주민들은 쿠카마 인디언들이었어. 그들은 친절했지만 보통의 런던 시민보다 머리가 좋지 않았어. 그들은 내가 지난번에 방문했을 때 그 부족의 아픈 사람들 몇 명을 도와주었기 때문에 내가 도착했을 때는 나를 간절하게 기다리고 있던 중이었어. 내가 지난번 그곳에 간 이후로 또 다른 사람이 병에 걸렸어. 내가 그 병자를 보기도 전에 그는 죽었네.

그는 놀랍게도 인디언이 아니라 백인이었어. p.49 그의 금발은 지저분했고 그는 넝마 같은 옷을 입고 있었지. 인디언들은 그를 몰랐어. 그는 죽을 지경이 다 되었을 때 그들에게 막 도착한 참이었거든. 그의 배낭 안에서 나는 이름과 주소를 찾아어. 미시간 주 디트로이트 시 레이크 애버뉴의 메이플 화이트였지.

그 배낭에 들어 있는 내용물로 볼 때 이 사람이 화가이자 시인이었다는 것이 분명했지. 나는 예술을 잘 이해하는 사람은 아니지만 그의 시와 그림들은 그저 보통이었어. 마침내 나는 그의 재킷 안에서 무언가를 발견했다네. 그것은 이 스케치북이었어. 실제로 내가 그것을 지금 자네에게 건네줄 테니 그 내용을 자네가 검토해 보기를 청하는 바이네."

나는 얼마쯤의 기대를 품고 그 스케치북을 열어 보았다. 이후 몇 장은 인디언들과 그들의 생활 방식을 그린 작은 크기의 스케치들로 채워져 있었다. 여자들과 아기들을 그린 습작들이 몇 장 더 채워지다가 설명하는 글이 덧붙여진 연속되는 일련의 동물 소묘들이 있었다. p.50 마침내 나는 긴 코를 가지고 있고 매우 불쾌하게 생긴 도마뱀을 그린 두 쪽짜리 습작에 이르게 되었다.

"분명히 이것들은 크로커다일일 뿐이겠죠?"

"앨리게이터야! 남미에는 크로커다일이 없어!"

"제 말은 이상한 것은 하나도 볼 수 없었다는 뜻입니다."

챌린저 교수가 미소를 지었다.

"뒷장을 보게." 챌린저 교수가 말했다.

그것은 한 장을 가득 채워 그린 풍경 스케치였다. 거기에는 보송보송 깃털이 난 식물들로 덮인 옅은 초록색의 전경이 있었는데 그 풍경은 결국 한 줄로 늘어선 짙은 붉은색의 절벽들로 끝이 났다. 그 절벽들은 배경을 똑바로 가로지르는 끊임없이 계속 이어지는 벽으로 이어졌다. 한 지점에 피라미드처럼 생긴 바위가 있었다. 커다란 나무 한 그루가 바위 꼭대기에 있었다. 그 모든 것들의 뒤로 열대 지방의 푸른 하늘이 있었다.

"어떤가?" 챌린저 교수가 물었다.

p.51 "이상한데요." 내가 말했다. "하지만 저는 지리학자가 아니라서 어떻게 이상한지는 말씀드릴 수 없어요."

"훌륭해!" 챌린저 교수가 말했다. "그것은 특이해. 믿을 수 없을 정도지. 이제 뒷장으로 가 보게."

나는 한 장을 넘기고 놀라서 숨을 멈췄다. 여태껏 내가 본 적이 없는 가장 기이한 생물로 한 장을 가득 채워 그린 그림이 있었다. 머리는 닭의 머리 같았고 몸은 살찐 도마뱀 같았으며 긴 꼬리는 위를 향해 뾰족뾰족 솟은 가시로 덮여 있었고 단단한 등딱지가 그 생물의 등을 덮고 있었다. 이 생물 앞에는 자그마한 사람이 있었는데, 그는 그 생물을 쳐다보며 서 있었다.

"그러면 그것은 어떻게 생각하나?" 교수가 물었다.

"이건 괴물 같고 흉측한데요."

"그런데 무엇이 그에게 그런 동물을 그리게 했을까?"

p.52 "어쩌면 그가 밀림에서 열병에 걸렸을지도 모르지요."

"오, 그게 자네가 할 수 있는 최선의 설명이라 이거지?"

"그럼 교수님, 교수님 생각은요?"

"한 가지 분명한 것은 그 생물이 존재한다는 거야."

나는 웃지 않으려고 애썼다.

"당연히 그렇겠지요." 내가 말했다. "그런데 왜 이 남자는 그렇게 작아 보이는 건가요?"

챌린저 교수는 화난 버펄로처럼 콧김을 내뿜었다. "자네는 정말 멍청이로군! 여기를 보게!" 그가 몸을 앞으로 숙여 그림을 짚으면서 소리쳤다. "그 짐승 뒤에 있는 저 식물이 보이나? 자네는 그것을 민들레쯤이라고 생각하는 건가? 그런데 그것은 식물 상아 야자수이고 50~60피트쯤까지 자라지. 그 사람이 어떤 목적이 있어서 그려 넣어졌다는 것을 모르겠나? 그는 그 동물이 얼마나 큰지 보여 주려고 그 사람을 스케치한 거야."

"세상에!" 내가 외쳤다. "하지만 인류의 경험 전체가 그림 하나 때문에 바뀌지는 않을 것이 분명해요. p.53 그것은 그저 열이 있었거나 별난 상상력이 있었던 미국인 방랑 화가가 그린 스케치일 뿐이잖아요. 과학자로서 교수님이 이런 것을 옹호하시면 안 되죠."

대답으로 챌린저 교수는 책장에서 책을 한 권 끄집어 내렸다.

"이것은 재능 있는 내 친구 레이 랭커스터가 그린 뛰어난 그림이야!" 챌린저 교수가 말했다. "자네를 흥미롭게 할 삽화가 여기 있네. 아, 그래, 여기 있군! 그림 밑에 '쥐라기 공룡 스테고사우루스의 출현 가능성 있음. 뒷다리만 성인 키의 두 배 크기임.'이라는 주석이 있어. 자, 그건 어떻게 생각하지?"

챌린저 교수는 펼친 책을 나한테 건넸다. 그것은 그 무명 화가의 스케치와 정말로 비슷했다.

p.54 "그건 확실히 놀랄 만하네요." 내가 말했다. "확실히 그건 우연일 거예요. 아니면 이 미국인이 어떤 그림을 본 적이 있었는데, 기억하고 다녔을지도 모르고요."

"아주 좋아." 챌린저 교수가 말했다. "이제 자네에게 이 뼈를 보라고 해야겠군." 교수가 죽은 남자의 소유물 중 하나라고 이미 설명했던 것을 건넸다. 그것은 약 6인치 정도의 길이였고 내 엄지손가락보다 두꺼웠다.

"그 뼈가 세상에 알려진 어떤 생물의 것이지?" 챌린저 교수가 물었다.

"그것은 아주 두꺼운 인간의 쇄골일지도 모릅니다." 내가 말했다.

"인간의 쇄골은 구부러졌어. 이것은 직선이잖아."

"그렇다면 저는 그것이 무엇인지 모르겠다고 고백해야겠어요."

"창피해할 필요는 없네." 챌린저 교수가 콩알만 한 크기의 작은 뼈를 약통에서 꺼냈다. p.55 "내가 아는 한 이 인간의 뼈는 자네가 손에 들고 있는 뼈의 우리 인간 버전이라네. 그거면 자네에게 그 생물의 크기를 알려 주겠지. 이 뼈는 화석이 아니야. 그 동물은 최근에 죽었지. 그것은 어떻게 생각하나?"

"코끼리가 분명하겠네요."

"남미에는 코끼리가 없어. 이것은 동물학계에 알려진 어떤 생물의 뼈도 아니야. 이것은 지구에 존재하지만 과학으로는 아직 발견되지 않은 매우 덩치 크고 매우 힘센 동물의 것이야. 자네는 여전히 나를 믿지 않나?"

"적어도 무척 흥미롭기는 하네요."

"나는 이 문제를 더 깊이 살펴보지 않고는 아마존 강을 떠날 수가 없었어. 인디언들의 전설은 밀림에 있는 이 신기한 땅과 생물들에 대해 말해 주었어. p.56 쿠루푸리에 대해서는 분명 들어 봤겠지?"

"한 번도 못 들어 봤어요."

"쿠루푸리는 숲의 정령인데, 피해야 하는 끔찍한 것이라네. 그것의 형태나 성질을 설명할 수 있는 사람은 아무도 없어. 지금은 모든 부족들이 쿠루푸리가 사는 방향에 대해 같은 의견을 갖고 있지. 그것은 그 미국인이 왔던 바로 그 방향이었어. 무언가 끔찍한 것이 그쪽에 있었어. 그것이 무엇인지 알아내는 것이 내 일이었지."

"무슨 일을 하셨던 거예요?"

"나는 안내인 역할을 해 줄 인디언 두 사람을 데리고 갔어. 많은 모험을 한 후에 우리는 마침내 그 미국인 화가 말고는 누구에 의해서도 묘사된 적이 없고 가 본 적도 없는 땅에 도착했지. 부디 이것을 봐 주겠나?"

챌린저 교수는 내게 사진 한 장을 건넸다.

"나는 대부분의 필름들을 강에서 잃어버렸어. 이것은 내가 겨우 강에서 일부만 건진 몇 안 되는 사진들 중 한 장이라 화질이 별로 안 좋네."

p.57 그 사진은 확실히 매우 색이 바래 있었다.

"이곳은 저 채색된 그림과 같은 장소인 것 같네요." 내가 말했다.

"같은 장소야." 챌린저 교수가 대답했다. "이제 저 바위의 꼭대기를 좀 보겠나? 거기에 무엇이 보이나?"

"거대한 나무 한 그루요."

"그런데 나무 위에는?"

"큰 새요." 내가 말했다. "새한테 큰 부리가 있는 것 같군요. 펠리컨인 것 같아요."

"그건 펠리컨도 아니고 사실 새도 아니라네. 내가 이 동물을 총으로 쏘는 데 성공했다는 것을 알면 자네한테 흥미가 생길지 모르겠군. 그것이 내가 가져올 수 있었던 내 경험의 유일한 절대적인 증거였네."

p.58 "그러면 교수님이 그것을 가지고 계신 거예요?"

"가지고 있었지. 불행히도 그것은 내 사진들을 망쳐 놓은 그 배 사고가 났을 때 다른 많은 것들과 함께 분실되었네. 나는 겨우 그것의 일부만 쥐고 있을 수 있었어. 이제 자네 앞에 그것을 놓겠네."

챌린저 교수는 서랍에서 나한테는 커다란 박쥐의 날개 윗부분처럼 보이는 것을 내놓았다. 그것은 길이가 최소한 2피트는 되었다.

"괴물 박쥐네요!" 내가 말했다.

"그런 종류가 아니야." 챌린저 교수가 말했다. "새의 날개는 사실 팔뚝인 반면에 박쥐의 날개는 세 개의 긴 손가락으로 되어 있어. 자, 이 경우를 보면 그 뼈는 확실히 팔뚝도 아니고 손가락도 없어. 하지만 이것이 새도 아니고 박쥐도 아니라면 뭐지?"

"저는 정말 모르겠네요." 내가 말했다.

챌린저 교수는 그의 친구의 책을 다시 펼쳤다.

p.59 "여기 쥐라기의 날아다니는 파충류인 익룡을 그린 뛰어난 소묘가 있네. 뒷장에는 익룡의 날개 도해가 있어. 그 도해를 부디 자네 손에 있는 것과 비교해 보게나."

그것을 보았을 때 한 줄기의 놀라움이 나를 훑고 지나갔다. 나는 확신했다.

"그것은 여태껏 제가 들어 본 것 중 가장 큰 사건이에요!" 내가 말했다. "제가 교수님을 의심한 것처럼 보였다면 정말 죄송해요. 그건 모두 정말 감히 생각도 해 볼 수 없는 것이었어요. 하지만 그것을 보니 증거가 이해되네요. 그리고 이 증거라면 누구에게든 충분할 거예요."

챌린저 교수는 만족해서 미소를 지었다.

"그러면 교수님, 그 다음에는 무엇을 하셨어요?"

"그때는 우기였네, 말론 군. 나는 이 거대한 절벽 일부를 탐험했지만 그것을 오를 수 있는 어떤 길도 발견할 수가 없었지. p.60 우리는 그 절벽 밑에 뱀, 벌레, 열병으로 가득한 늪지대가 있는 것을 가까스로 알게 되었어."

"다른 어떤 생명체의 흔적을 보셨던 거예요?"

"아니, 못 봤어, 말론 군. 하지만 우리는 위쪽에서 들려오는 매우 이상한 소리를 들었지."

"하지만 그 미국인이 그렸던 동물은 어땠나요?"

"우리는 그저 그 미국인이 산 위로 올라갈 수 있어서 그 동물을 본 것이 틀림없다고 가정할 수 있을 뿐이지. 그래서 우리가 위쪽에 길이 있다는 것을 아는 거야. 똑같은 이유로 그 길이 아주 험한 길임에 분명하다는 것도 우리는 알아. 그렇지 않다면 그 동물들이 거기서 밖으로 나왔겠지. 분명히 그게 명백하잖아?"

"하지만 그것들이 어떻게 그곳에 가게 되었을까요?"

"오직 한 가지 설명만 있을 수 있어. 자네도 들어 봤을지 모르겠지만, 남미는 화강암 대륙이야. 큰 화산 폭발이 이 땅을 그 주변의 모든 것보다 더 높이 들어 올리는 원인이 됐을지도 몰라. p.61 그 결과는 뭐지? 오래 전에 죽었어야 할 동물들이 여전히 살아 있을 수 있게 된 거야."

"그런데 분명히 교수님의 증거는 훌륭합니다. 그것을 적당한 사람들에게 보여 주기만 하면 되겠어요."

"그게 바로 내가 속으로 생각했던 것일세." 챌린저 교수가 씁쓸하게 말했다. "질투심이라는 게 많은 사람들이 내 말을 믿을 수 없게 만들더라고. 내 못된 성질도 도움이 되지 못하고 말이야. 내 아내는 항상 감정을 자제하라고 나한테 일깨워 주지. 나는 자네를 박람회에 초대하고 싶네." 교수는 책상에서 꺼낸 카드를 한 장 건네주었다. "박물학자인 퍼시벌 왈드론 교수가 동물학회 강연장에서 8시 30분에 '시대의 기록'에 대해 강연할 걸세. 나는 참석해 달라고 특별 초대를 받았지. 그렇게 하는 동안 나는 청중을 흥미롭게 할지도 모를 몇 가지 이야기를 할 거야. 나는 어떠한 강력한 발언도 하지 않을 걸세. p.62 나는 그저 발견해야 할 새로운 많은 일들이 있다는 것만 암시할 걸세."

"그러면 제가 가도 되겠습니까?" 내가 간절하게 물었다.

"그래, 물론이지." 챌린저 교수가 대답했다. 반쯤 감긴 눈과 그의 멋진 검은 턱수염 사이로 교수의 뺨이 갑자기 두 개의 붉은 사과로 변할 때 짓는 그의 미소는 아주 멋진 것이었다. "강연장 안에 친구가 한 명 있다는 것을 알고 있는 것이 내게 위안이 될 걸세. 내 생각에는 청중이 많을 거야. 왈드론 교수는 형편없는 과학자이기는 해도 지지해 주는 대중이 있거든. 오늘 밤 강연에서 자네를 보게 되면 기쁠 걸세. 그동안 내가 자네에게 말해 준 것을 누구에게도 말해서는 안 되네."

질문이요!

p.63 나는 챌린저 교수의 집을 나온 후 머리가 아프고 기분은 저조했다. 나의 유일한 생각과 바람은 그 이야기에 진실이라는 것이 있어서 그것이 활자화되자마자 우리 신문이 많은 돈을 벌게 되는 것이었다. 나는 사무실로 돌아와 맥아들 씨를 만났다.

p.64 "그래, 무슨 일이 있었지? 챌린저 교수가 자네를 폭행한 것 같군."

"우리는 처음에 의견 차이가 조금 있었어요."

"무슨 짓을 한 건가?"

"그러니까 챌린저 교수님은 이성적이 되었고 우리는 함께 이야기를 나누었어요. 하지만 저는 그분한테서 아무것도 얻어낼 수 없었어요."

"그 점에 대해서는 확신이 안 서는군. 자네는 챌린저 교수 때문에 눈이 퍼렇게 멍이 들었고, 그건 기사감이야. 내가 그 인간에 대해 기사를 써서 그 인간을 몰락시켜야겠어. 그 인간이 거짓말쟁이라는 것을 모든 사람이 알게 될 거야."

"저라면 그렇게 하지 않겠어요, 편집장님."

"왜 안 한다는 거야?"

"챌린저 교수님은 전혀 거짓말쟁이가 아니기 때문이죠."

"뭐라고!" 맥아들 씨가 고함을 질렀다. "자네 설마 이런 고대 생물 이야기 따위를 정말로 믿는다고 말할 작정은 아니겠지?"

"글쎄요, 그건 잘 모르겠어요. 하지만 교수님이 무언가 새로운 가설을 가지고 있다는 것은 정말로 믿어요."

p.65 "그럼 아무쪼록 자네, 그것에 대해 써 보게!"

"저도 애타게 바라고 있지만 교수님께서 그것을 아직 활자화하지 않겠다고 약속하게 하셨어요." 나는 챌린저 교수의 이야기를 간략하게 줄여 맥아들 씨한테 이야기했다.

"그럼 말론 군, 오늘 밤의 이 과학 모임에 대해서라면 비밀이란 것이 있을 수 없어. 어떤 신문사도 그것을 취재하고 싶어 하지 않을 거야. 왈드론 교수는 이미 수차례 보도되었고 챌린저 교수가 발언한다는 것은 아무도 몰라. 운이 좋다면 우리가 좋은 기사거리를 건질 수도 있어. 자네는 무슨 일이 있어도 거기 가서 전부 다 취재해 주게."

나의 하루는 정신없이 지나갔고 나는 세균학자와 클럽에서 이른 저녁 식사를 했다. 그는 내가 챌린저 교수의 말을 믿는다는 것을 알았을 때 웃음을 터뜨렸다.

p.66 "이보게 친구, 현실 세계에서는 그런 일이 일어나지 않아."

"하지만 그 미국인 시인은?"

"그는 존재하지도 않았어."

"나는 그의 스케치북을 봤어."

"챌린저 교수의 스케치북이겠지."

"자네는 챌린저 교수님이 그 동물을 그렸다고 생각하는 거야?"

"당연히 그 교수가 그린 거야. 그럼 다른 사람 누가 그렸겠나?"

"그럼 그 사진들은?"

"사진에는 아무것도 없었어. 자네의 용인 하에 자네는 그저 새 한 마리를 본 것뿐이야."

"익룡이었어."

"그건 챌린저 교수 그 사람 말이지. 그 교수가 자네 머릿속에 그 익룡을 집어넣은 거야."

"그럼 그 뼈들은?"

"훌륭한 과학자는 가짜 뼈를 만들 수 있을 거야."

나는 거북한 마음이 들기 시작했다.

"나랑 같이 모임에 가 줄래?" 내가 물었다. p.67 "자네는 적어도 교수님이 그분의 사례를 진술하는 것을 듣고 나서 그분을 공평하게 평가해야 할 거야."

"그래, 아마 그게 공정하겠지. 좋아. 가겠네."

강연장 밖에는 과학자들과 일반인들이 둘 다 엄청 많이 모여 있었다. 군중 가운데에는 의대생들이 많이 포함되어 있었다. 사람들은 농담을 하고 웃는 등 분위기가 좋았다.

우리는 자리에 앉았다. 여러 과학자들이 무대에 오를 때마다 군중은 그들을 소리쳐 불렀다. 챌린저 교수가 무대에 오를 때 학생들은 가장 크게 소리를 질렀다. 나는 그 사람들이 과학 이야기를 들으려고 온 것이 아니라 도리어 챌린저 교수를 조롱하러 온 것은 아닌지 궁금해지기 시작했다. 그는 과학계에 많은 적이 있었다.

p.68 하지만 학생들이 챌린저 교수를 싫어하는 것 같지는 않았다. 대신에 그는 학생들을 즐겁게 해 주고 재미를 주었다. 아마도 그들은 교수가 미쳤다고 생각하는 것일 수도 있었다. 챌린저 교수는 피로를 느끼며 미소를 지었다. 마침내 의장인 로날드 머레이 교수와 강연자인 왈드론 교수가 무대에 오르고 강의가 시작되었다.

머레이 교수는 너무 조용하게 말을 해서 말을 알아듣기 어려운 유형의 사람이었다. 그리고 나서 그가 앉고 사람들이 박수를 칠 때 유명한 인기 강사인 왈드론 교수가 일어났다. 그는 준엄한 얼굴에 마른 체격을 가진 사람으로 목소리는 걸걸했다. 하지만 그는 과학 개념들을 대중에게 쉽고 재미있게 만드는 법을 알았다.

왈드론 교수는 과학적 관점에서 본 세계 창조 이야기를 했다. 그는 뜨거운 지구가 어떻게 식었는지 그리고 어떻게 물이 생겨났는지에 대해 이야기하기 시작했다. 그는 어떻게 생명이 시작되었는지에 대해서도 이야기했고 가능성 있는 몇 개의 설명을 해 주었다. 그것은 거의 상상할 수 없는 일이었다. p.69 과학자들은 아직 무생물에서 생명체를 만들어 낼 수 없었다. 하지만 자연은 우리가 할 수 없는 방법들로 생명체를 발전시킬 오랜 시간을 가지고 있었다.

이 강의는 강사가 거대한 동물 세계의 사다리 이야기를 하게끔 했는데, 미미한 바다 생물에서 시작해서 한 단 한 단을 거쳐 파충류와 어류에 이르고 마침내 우리는 캥거루 쥐 이야기에 이르렀다. 한 생명체가 무대에 올려졌다. 청중은 이것이 인간을 포함한 모든 포유류의 조상이라는 이야기를 들었다. 진화는 인간으로 종결된 것일까? 아니라고 그는 말했다. 진화는 여전히 진행 중이고 미래에는 훨씬 더 큰 학술적 성취물이 있을 거라고 했다.

그리고 나서 왈드론 교수는 다시 과거 이야기로 돌아갔다. 그는 과거에 지구를 돌아다녔던 아주 거대한 도마뱀들에 대해 이야기하기 시작했지만 다행히도 그것들은 인류가 나타나기 전에 모두 멸종했다고 했다.

p.70 "질문이요!" 연단에서 갑자기 어떤 목소리가 우렁차게 말했다.

왈드론 교수는 자신의 뒤쪽에서 나오는 목소리를 무시했다. 그는 잠시 강의를 중단했다가 목소리를 높여 "그것들은 인간의 출현 이전에 멸종했습니다."라는 말을 천천히 반복했다.

"질문이요!" 그 목소리가 다시 한 번 우렁차게 말했다.

왈드론 교수는 놀라서 연단 위에 한 줄로 앉아 있는 교수들을 죽 바라보다가 마침내 챌린저 교수의 모습에 눈길이 갔다.

"알겠습니다!" 왈드론 교수가 어깨를 으쓱하며 말했다. "제 친구 챌린저 교수로군요." 그리고 그는 다시 강의하기 시작했다.

하지만 왈드론 교수가 선사 시대의 생물에 대해 어떤 발언을 할 때마다 챌린저 교수는 "질문이요!"라고 계속 소리쳤다. p.71 청중은 이제 그 말을 기다렸다가 그 말이 나올 때마다 재미있어 하며 웃기 시작했다. 청중석의 학생들은 챌린저 교수를 따라 소리를 지르기까지 했다. 왈드론 교수는 마음이 굳센 사람이었음에도 불구하고 화가 났다. 그는 주저하고 말을 더듬고 한 말을 되풀이하다가 마침내 챌린저 교수를 향해 화를 내며 돌아섰다.

"이건 정말 심하군요!" 왈드론 교수가 연단을 가로질러 쏘아보며 외쳤다. "챌린저 교수, 당신에게 이 경우 없고 무례하기 짝이 없는 방해를 중단해 주기를 청합니다."

강연장 안의 학생들은 갑자기 조용해졌다.

"왈드론 교수, 답례로 나는 당신에게 과학적 사실이 아닌 것을 이야기하는 것을 중단해 달라고 청하는 바요."

p.72 학생들은 싸움을 부추기기 위해 소리를 지르기 시작했다. 챌린저 교수는 그냥 고개를 숙이며 미소 지을 뿐이었다. 왈드론 교수는 여전히 화가 나서 얼굴이 상기된 채로 강의를 계속했다. 이따금씩 그는 챌린저 교수를 흘끔흘끔 쳐다보았는데, 그는 얼굴에 미소를 띤 채 잠을 자고 있었다.

마침내 강의가 끝났다. 논쟁이 일찍 중단되었기 때문에 청중은 들썩이고 기대감을 품고 있었다. 왈드론 교수는 앉고 챌린저 교수가 일어났다.

"신사 숙녀 여러분." 챌린저 교수가 말하기 시작했다. "저는 먼저 왈드론 교수가 방금 우리에게 들려준 상상력이 풍부하고 묘사적인 이야기에 대해 감사의 말을 해야겠습니다. 그 이야기에 제가 동의하지 않는 점들이 있지만 그럼에도 불구하고 왈드론 교수는 그가 우리 행성의 역사라고 믿는 것에 관한 간단하고 재미있는 이야기를 들려주었습니다. 대중을 대상으로 하는 강연은 듣기에는 쉽지만 그런 것들은 잘 알지 못하는 청중에게 사실을 설명해야 하기 때문에 필연적으로 피상적이기 마련입니다. p.73 그들은 열심히 연구하는 무명의 과학자들이 해낸 일을 명성과 돈을 얻기 위해 이용합니다.

하지만 이것으로 충분합니다. 제가 왜 왈드론 교수에게 시비를 걸었을까요? 왈드론 교수는 직접 선사 시대의 동물을 본 적이 없기 때문에 이 생물들이 더 이상 존재하지 않는다고 생각한다는 점에서 매우 잘못 알고 있는 것입니다. 그들은 왈드론 교수가 말했듯이 실제로 우리의 선조이지만 그들은 동시대를 살아가는 선조들인 거지요. 우리의 가장 크고 사나운 포유류들을 사냥해서 잡아먹는 쥐라기의 괴물이라고 가정했던 생물들이 여전히 실존합니다.

제가 어떻게 아느냐고 여러분은 물으시는 겁니까? 저는 그들의 비밀의 땅에 가 봤기 때문에 압니다. 제가 그것들 중 일부를 본 적이 있기 때문에 아는 겁니다. 누가 제가 거짓말쟁이라고 하는 이야기를 들으셨다고요? p.74 저를 거짓말쟁이라고 불렀던 분은 제가 알 수 있도록 부디 일어서 주시겠습니까?"

"여기요, 교수님!" 한 무리의 학생들이 안경을 낀 왜소한 청년 한 명을 일어서게 만들었다.

"자네가 나를 거짓말쟁이라고 불렀나?"

"아니요, 교수님, 아닙니다." 그 청년은 소리치고 군중 속으로 사라졌다.

"이 강연장 안에 있는 어느 누구라도 제 말이 의심스럽다면 이 강연 후에 제가 그분과 기꺼이 이야기를 나누겠습니다."

"거짓말쟁이!"

"누가 그렇게 말했습니까?" 챌린저 교수는 돌격할 준비가 된 황소처럼 보였다. "모든 위대한 발견자들은 바보들에 의해 거짓말쟁이라고 불렸습니다. 여러분은 단지 사실을 이해할 만한 상상력이 없는 겁니다. 갈릴레오와 다윈, 그리고 저에게 이렇게 했지요……."

사람들은 혼란에 빠졌다. 나이 든 교수들까지도 챌린저 교수에게 고함치는 일에 학생들과 함께했다. 많은 청중 전체가 끓고 있는 냄비처럼 부글부글 끓어올랐다. p.75 교수는 앞으로 한 발짝 나와 양손을 들어 올렸다. 마침내 사람들은 다시 조용해졌다.

"저는 여러분을 여기 오래 붙잡아 두지는 않을 겁니다." 챌린저 교수가 말했다. "그럴 만한 가치가 없는 일이지요. 사실은 사실이고 수많은 바보들의 소음 같은 소리가 그 사실을 바꿀 수는 없습니다. 저는 제가 새로운 과학 분야를 열었다고 주장합니다. 제가 여러분을 시험에 들게 하지요. 여러분 중 누가 나와서 이름을 걸고 제 발언을 시험해 보겠습니까?"

나이 많은 교수인 서멀리 교수가 일어났고 아마존 강 여행 때 챌린저 교수가 발견한 것에 대해 이야기하고 있는 거냐고 물어보았다.

챌린저 교수는 그렇다고 대답했다.

서멀리 교수는 챌린저 교수가 다른 과학자들에 의해 이미 탐험되었던 곳에 대해 어떻게 그렇게 주장할 수 있는 거냐고 물었다.

p.76 챌린저 교수는 서멀리 교수가 템스 강과 아마존 강을 혼동하고 있는 것 같다고 대답했다. 그곳은 다른 사람이 놓쳤던 것을 또 다른 사람이 발견하는 것이 불가능하지 않을 만큼 충분히 큰 곳이라는 것이었다.

서멀리 교수는 자신은 그 강들의 차이점은 알고 있다고 명확히 말했다. 템스 강에 대해 언급되는 것은 무엇이든 시험해 볼 수 있는 반면 아마존 강에 대해 언급되는 것은 그럴 수 없다고 했다. 선사 시대의 동물이 발견될 수 있는 나라의 위도와 경도가 어떻게 되냐고 물었다.

챌린저 교수는 일반 대중에게 이 정보를 말하지 않을 거라고 대답했지만 청중 가운데에서 선출된 위원회에는 말해 주겠다고 했다. 서멀리 교수가 그런 위원회에서 일하며 몸소 그의 이야기를 시험해 볼 테냐고 물었다.

서멀리 교수가 대답했다. "알았소, 하겠소."

"그럼 내가 이 장소로 가는 길을 알려드리겠다고 약속하지요." 챌린저 교수는 말했다. p.77 "하지만 가는 길이 위험합니다. 서멀리 교수한테는 젊은 동료가 있어야 할 겁니다. 자원하실 분이 계신가요?"

내가 그 강연장에 들어갔을 때 나는 여태껏 꿈속에서 내게 찾아 왔던 그 어떤 모험보다 더 거친 모험에 나 자신을 보내려던 참이었다는 것을 상상이나 할 수 있었을까? 글래디스는 내게 가라고 했을 것이다. 나는 벌떡 일어났다. 나는 말하고 있었다. 내 친구이자 세균학자인 트랩 헨리가 속삭이고 있었다.

"앉아, 말론! 바보짓 해서 웃음거리가 되지 마."

동시에 나는 내 자리로부터 몇 자리 앞에 있던 짙은 빨간색 머리의 키가 크고 마른 남자도 일어난 것을 알아차렸다. 그는 매우 화난 눈빛으로 뒤돌아 나를 쏘아보고 있었다.

"제가 가겠습니다, 의장님." 나는 계속 반복하여 되풀이했다.

p.78 "이름을 대시오! 이름을 대시오!" 청중이 외쳤다.

"제 이름은 에드워드 던 말론입니다. 저는 데일리 가제트지의 기자이지요."

"성함이 어떻게 되지요, 선생?" 회장이 키가 큰 내 경쟁자에게 물었다.

"저는 존 록스턴 경입니다. 저는 이미 아마존 강 상류에 다녀온 적이 있습니다. 저는 그곳을 모두 압니다."

"운동가와 여행가로서 존 록스턴 경의 명성은 물론 세계적으로 유명하지요." 의장이 말했다. "동시에 분명히 이런 탐험에는 언론계에 계시는 분도 있어야 할 겁니다."

"제 발언의 사실 여부에 대해 조사하고 보고하도록 이 두 사람 다 서멀리 교수의 여행에 그와 동행해야 합니다." 챌린저 교수가 말했다.

그렇게 해서 고함과 함성이 들리는 가운데 우리의 운명이 결정되었다. 나는 군중과 함께 밖으로 떠밀렸다. p.79 마침내 내가 혼자가 되었을 때 나는 글래디스 생각과 내 미래에 대한 궁금함이 머릿속에 꽉 들어찬 상태로 리젠트 거리의 은색 불빛 아래를 걷고 있는 내 자신을 발견했다.

갑자기 누군가 내 팔꿈치를 건드리는 느낌이 들었다. 나는 돌아섰고 내가 이 기이한 탐험의 일행으로 자원한 키 크고 마른 남자를 보고 있는 것을 알게 되었다.

"말론 씨, 이해합니다." 그가 말했다 "우리 집에 와 주십시오. 당신과 이야기를 나누고 싶습니다."

당신들에게 줄 내 지시 사항이 이 밀봉한 봉투 안에 있소

p.80 존 록스턴 경과 나는 방향을 돌려 함께 비고 거리를 내려갔다. 긴 복도 끝에서 내가 새로 알게 된 사람은 문을 밀어 열고 전기 스위치를 켰다. 불빛은 명백한 부자가 소유한 방을 비추었다. 나는 사방에서 부자의 호화로움이 독신 남성의 무신경한 지저분함과 섞여 있는 것을 볼 수 있었다. p.81 값진 모피와 기이한 아시아산 깔개가 바닥에 흩어져 있었다. 값비싼 그림들이 벽에 걸려 있었다. 그런데 이 다양한 장식품들 중에 기념품들이 흩어져 있었다. 나는 록스턴 경이 유명한 운동가라는 것이 기억났다. 가장 큰 기념품은 희귀한 흰 코뿔소의 머리였다.

값진 붉은 카펫 한가운데에는 깨끗하게 관리하지 않은 검은색과 금색으로 된 탁자가 있었다. 록스턴 경은 나를 앉게 하고 내 건너편에 앉았다. 그는 빙하의 푸른빛을 띠는 눈에 불안하고 차가운 기색을 띠고 나를 응시했다.

록스턴 경은 코의 선이 강렬하고 갸름한 얼굴을 가지고 있었다. 그의 무언가가 나에게 나폴레옹을 떠올리게 했다. 그의 눈은 매서웠지만 그는 그럼에도 예의 바른 영국 신사처럼 보였다. p.82 그는 말랐지만 매우 탄탄한 체격을 가지고 있었다. 그의 키는 6피트가 조금 넘었다. 이 유명한 남자가 길고 당혹스러운 침묵 속에서 계속 나를 지켜보고 있었다.

"그러니까 우리가 가서 해낸 거군요." 록스턴 경이 마침내 말했다. "맞아요, 우리는 도약을 했어요. 이런 일이 당신에게 일어날 거라는 생각을 한 적이 있습니까?"

"그런 것은 한 번도 생각해 본 적이 없어요."

"나도 마찬가지요. 그런 일은 한 번도 생각해 본 적이 없었소. 어쩌다 그런 생각이 들었습니까?"

"글쎄요, 그건 모두 제 업무의 주된 선상에 있습니다. 저는 가제트지의 기자입니다."

"그런데 기자분께서는 이 챌린저 교수님이라는 분에 관해 무엇을 알고 있습니까?"

"저도 오늘에서야 그분을 처음 뵀어요."

"흠, 나도 그래요. 우리 둘 다 알지도 못하는 사람이 내린 밀봉한 명령에 따라 항해를 할 거라니 재미있군요."

나는 록스턴 경에게 아침에 겪었던 일을 간단히 이야기했고 그는 귀 기울여 들었다. p.83 그러더니 그는 남미 지도를 꺼내 탁자 위에 놓았다.

"나는 챌린저 교수님이 당신에게 해 준 한 마디 한 마디가 모두 사실이라고 믿어요." 록스턴 경이 열을 올리며 말했다. "남미는 내가 사랑하는 장소이고 그곳은 이 행성에서 가장 웅대하고 가장 풍요롭고 가장 훌륭한 땅덩이라고 생각합니다. 사람들은 그곳을 아직 잘 모르고 그곳이 어떤 곳이 될 수 있을지 깨닫지 못해요. 그 지역에 대해 알면 알수록 어떤 것이든 가능하다는 것을 더 잘 이해하게 될 겁니다. 어떤 것이든지 말이에요! 좁은 수로가 몇 개 있어서 사람들이 그것을 따라 여행을 하는데, 그곳 바깥쪽은 모두 암흑뿐이에요. 무언가 새롭고 멋진 것이 그런 지역에 있지 못하리라는 법이 있을까요? 그리고 우리가 그것을 처음 발견하는 사람이 되지 못할 이유가 없지 않습니까?" 록스턴 경은 웃었다.

나는 한 시간인가 그 이상을 나의 기이한 새 친구와 함께 보냈다. p.84

나는 록스턴 경이 권총을 청소하면서 새로운 모험을 꿈꾸며 앉아 있을 때 그를 떠났다. 나는 영국 전역에서 함께 모험을 떠날 사람으로 더 냉철한 머리와 용감한 마음을 가진 사람을 찾을 수 없었을 것이다.

그날 밤 나는 피곤했음에도 불구하고 뉴스 편집장인 맥아들 씨와 함께 늦게까지 앉아서 그에게 모든 상황을 설명했다. 맥아들 씨는 그것이 국장인 조지 보몬트 씨에게 알릴 만큼 중요하다고 생각했다. 내가 맥아들 씨 앞으로 보내는 편지에 내가 겪은 모험에 대해 특별히 내세워 언급해야 한다는 데 합의가 이루어졌다. 이것들은 도착했을 때 가제트지에 실리기 위해 편집되거나 챌린저 교수의 바람에 따라 나중에 출간되기 위해 보도가 저지될 것이었다. 우리는 챌린저 교수에게 물어보기 위해 세 번 그와 통화를 하려고 시도했지만 매번 그는 화를 내며 전화를 받았다.

나는 이 마지막 줄을 부스 기선회사의 프란시스카호의 특실에서 쓰고 있고 그것들은 맥아들 씨에게 돌아갈 것이다. p.85 내가 수첩을 덮기 전에 마지막으로 그림 하나를 더 그리게 해 주기를 바란다. 지금은 늦봄의 축축하고 안개 낀 아침이고 차갑고 가는 빗줄기가 내리고 있다. 우울하고 침울한 모습의 서멀리 교수는 발을 질질 끌며 걷고 있고 머리는 아래로 처져 있다. 그는 벌써 이 여행을 떠나는 것을 후회한다. 존 록스턴 경은 빨리 걷고 그의 마르고 열띤 얼굴은 미소를 짓고 있다. 갑자기 우리가 타고 여행할 배에 도착한 바로 그때 우리 뒤쪽에서 고함소리가 들린다. 그 사람은 챌린저 교수이고 그는 우리를 배웅하기로 약속했던 바 있다. 그가 우리를 쫓아 달려온다.

"그저 당신들에게 할 말이 좀 있어서 그러오. 당신들은 이 여행을 하는 것에 대해 내가 당신들에게 무엇이 됐든 빚지고 있는 거라고 생각하시오? 사실은 사실이고 자네가 보도할 수 있는 그 무엇도 어떤 식으로든 사실에 영향을 줄 수는 없네. 당신들에게 줄 내 지시 사항이 이 밀봉한 봉투 안에 있소. p.86 당신들이 마나오스라고 불리는 아마존 강 상류 마을에 도착하면 그 봉투를 열어 보되 바깥쪽에 표시한 날짜와 시각이 되기 전까지는 열어 보지 마시오. 내 말을 분명히 알아들었소? 아니야, 말론 군. 나는 자네가 자네의 여행에 대해 글을 쓰는 것을 막지 않겠네. 하지만 정확한 길 안내를 해 주어서는 안 되고 자네가 돌아올 때까지는 실제로 아무것도 출간되어서는 안 되네.

다녀오게, 자네는 내가 기자들을 조금은 더 좋아하게 해 주었네. 잘 다녀오시오, 록스턴 경. 당신이 과학을 이해하지는 못하겠지만 나는 당신이 사냥을 즐기기를 바라오. 그리고 당신, 서멀리 교수도 잘 다녀오시오. 당신이 좀 더 현명한 사람이 되어 런던으로 돌아오는 것이 가능하기를 나는 바라오."

그렇게 챌린저 교수는 우리를 떠났다. 신이여, 우리가 남겨두고 떠나는 모든 것들을 살피시고 우리를 무사히 돌려보내 주소서.

내일이면 우리는 미지의 세계로 사라진다

p.87 나는 배를 타고 남미로 향했던 호화로운 여행에 대해 여러분에게 말함으로써 독자들을 지루하게 만들지 않을 것이고 파라에서 일주일을 머물렀던 이야기도 하지 않을 것이다. 우리는 대서양 건너로 우리를 데려다 주었던 배보다 아주 조금 더 작은 증기선을 타고 강 상류로 올라갔다. p.88 마침내 우리는 마나오스 시에 도착했다. 이곳에서 우리는 영국-브라질 무역회사의 대표인 쇼트만 씨를 만났다. 우리가 마침내 챌린저 교수가 우리에게 내린 지시 사항이 적힌 편지를 열어 본 것은 바로 여기에서였다.

그날의 놀라운 사건으로 넘어가기 전에 내 동료에 대해 설명을 하고 싶다. 맥아들 편집장님, 편집장님께서 내 이야기를 출판하시기 전에 내가 쓴 글을 편집하실 테니까 솔직하게 이야기하겠습니다.

서멀리 교수는 물론 저명한 과학자다. 그는 내가 생각했던 것보다 튼튼하다. 그의 마르고 노쇠한 몸은 절대 지치지 않고 그의 냉소적인 성격은 결코 바뀌지 않는 것 같다. 66세라는 나이에도 불구하고 나는 그가 한 번도 불평하는 것을 듣지 못했다. 그의 인내심은 내 인내심에 버금가고 그는 날 때부터 회의적이다. 처음부터 그는 챌린저 교수를 전혀 믿지 않는다는 것을 분명히 해 두었다.

p.89 서멀리 교수는 배에서 내리면서부터 산탄총과 나비 채를 들고 동식물을 채집하면서 숲 속을 누비며 하루하루를 보낸다. 교수는 거의 몸을 씻지 않는다. 그는 건망증이 있고 항상 담배를 피우고 있다.

존 록스턴 경은 서멀리 교수보다 스물두 살 어리지만 그 역시 몸은 마르고 세상 풍파를 다 겪은 모습이다. 그는 극도로 단정하고 청결하며 항상 아주 세심한 주의를 기울여 옷을 입는다. 행동주의자인 대부분의 남자들처럼 그는 평소에는 조용하지만 항상 대화할 준비가 되어 있다. 세계에 관한 그의 지식, 특히 남미에 대한 지식은 놀랍고 그는 진심으로 챌린저 교수의 말을 믿는다. 그는 부드러운 목소리와 조용한 태도를 지녔지만 그의 눈빛 뒤에는 엄청난 분노와 열정이 있다. p.90 과거에 그가 노예 상인들에게 대항한 방식 때문에 아마존 강의 원주민들은 그를 자신들의 챔피언이자 보호자로 여긴다.

록스턴 경은 몇 년 전 페루, 브라질, 콜롬비아 사이에 있는 주인 없는 땅에 자신이 있는 것을 알게 되었다. 이 광활한 지역에서는 야생 고무나무가 자라고 원주민들은 고무나무 대농장에서 강제 노동을 해야 하기 때문에 그곳은 그들에게 골칫거리가 되었다. 절반은 스페인 사람이고 절반은 인디언인 소수의 악랄한 사람들이 그 지역을 지배했고 나머지 사람들을 노예로 만들었다. 그들은 사람들을 공포에 떨게 했고 고문했다. 록스턴 경은 노예제에 반대하는 발언을 했다. 그런 다음 그는 공식적으로 노예 감시인들의 대장인 페드로 로페즈에게 전쟁을 선포했다. 그는 도망친 노예들로 구성된 무리를 만들어 무기를 주고 페드로를 죽였다.

이러한 과거 때문에 록스턴 경은 링고아 게랄 어를 유창하게 할 수 있다. p.91 이 언어는 포르투갈 인들의 1/3과 인디언의 2/3에 의해 사용되고 브라질 전역에서 사용된다.

록스턴 경은 남미를 사랑한다. 그는 서멀리 교수마저 때때로 미소 짓게 만들 정도로 남미 대륙 이야기를 한다. 그는 위대한 강의 역사에 대해 종종 말한다.

"거기에 무엇이 있습니까?" 록스턴 경은 북쪽을 가리키며 때때로 외친다. "그곳은 숲과 습지와 탐험되지 않은 밀림입니다. 그곳이 무엇을 숨겨주고 있을지 누가 알겠습니까? 그리고 남쪽에 있는 그곳에는요? 늪이 많은 숲이 있는, 어떤 백인도 여태껏 한 번도 가 본 적이 없는 미개지가 있습니다. 미지의 곳이 우리에 맞서 위쪽으로 사방에 있습니다. 좁은 강줄기 바깥쪽에 무엇이 있는지 누가 안단 말입니까? 그런 지역에서 무슨 일이 가능할지 누가 말해 주겠습니까? p.92 챌린저 노교수 말씀이 옳으면 안 되는 이유는 무엇입니까?"

그들이 나의 백인 동료들이다. 하지만 우리는 또한 다른 사람들과도 함께 여행한다. 첫 번째 사람은 잠보라는 거구의 아프리카 인인데, 그는 헤

라클레스만큼이나 힘이 세다. 우리는 또한 강 상류에서 온 고메즈와 마누엘이라는, 절반은 인디언이고 절반은 유럽인인 두 사람을 고용했다. 그들은 표범만큼이나 사납고 활동적이다. 그들은 둘 다 아마존 강 상류에서 인생을 보내왔다. 그들 중 한 명인 고메즈는 뛰어난 영어를 구사한다. 이 사람들은 한 달에 15달러를 받고 우리의 개인 시중을 드는 하인으로 기꺼이 일하고 있다.

이들 외에도 우리는 볼리비아에서 온 모조 인디언 세 명을 만났는데 그들은 강에 사는 모든 부족 중에 낚시와 뱃일에 가장 능숙하다. 대장은 그의 부족의 이름을 따서 모조라고 불리고 나머지는 호세와 페르난도라고 알려져 있다.

p.93 우리는 마나오스 마을에서 2마일 더 내륙으로 들어와 있었다. 집 밖의 땅 위에는 노란 햇살이 비쳤고 야자나무 그늘이 생겼다. 대기는 고요했고 벌부터 모기에 이르기까지 곤충들이 계속해서 윙윙거리는 소리로 꽉 차 있었다. 정원에는 멋진 푸른 나비들과 작은 벌새들이 꽃들 주위를 날아다녔다. 우리는 모두 탁자 주변에 앉아 챌린저 교수의 편지가 들어 있는 봉투를 바라보았다. 편지봉투에는 이렇게 적혀 있었다.

'존 록스턴 경과 그 일행을 위한 지시 사항. 7월 15일 12시 정각에 마나오스에서 열어 볼 것.'

록스턴 경은 손목시계를 자기 옆에 있는 탁자 위에 놓았다.

"7분 더 남았습니다." 록스턴 경이 말했다.

서멀리 교수가 편지봉투를 집어 들었다.

p.94 "우리가 지금 그것을 열어 보나 7분 뒤에 열어 보나 문제 될 것이 무엇이 있을 수 있겠소?" 서멀리 교수가 말했다. "이게 다 말도 안 되는 짓이오."

"오, 왜 이러세요. 우리는 규칙대로 경기를 해야 합니다." 록스턴 경이 말했다. "이건 챌린저 노교수님의 쇼잖아요."

"우습군요!" 서멀리 교수가 쏠쏠하게 소리쳤다. "만약 이 편지봉투 안에 정확한 길 안내가 나와 있지 않으면 나는 다음 배를 타고 런던으로 돌아가겠소. 자, 록스턴 경, 이제 분명히 시간이 되었소."

"시간이 됐군요." 록스턴 경이 말했다. 그는 편지봉투를 들어 자신의 펜

나이프로 잘랐다. 봉투 안에서 그는 접힌 종이 한 장을 꺼냈다. 이것을 그는 조심스럽게 펼쳐 탁자 위에 평평하게 놓았다. 그것은 백지였다. 그는 종이를 뒤집어 보았다. 또 다시 그것은 백지였다. 우리는 침묵하며 서로를 바라보았는데, 그 침묵은 서멀리 교수에게서 갑자기 터져 나온 웃음소리에 깨졌다.

"챌린저 교수는 거짓말을 하고 있다는 것을 인정하고 있는 거요." 서멀리 교수가 소리쳤다. p.95 "무엇을 더 바라는 거요? 이제 우리나라로 가서 모두에게 그가 부끄러움도 모르는 거짓말쟁이라는 것을 말해 줍시다."

"눈에 보이지 않는 잉크일 거예요!" 내가 말했다.

"나는 그렇게 생각하지 않소!" 록스턴 경이 종이를 불빛 쪽으로 들며 말했다. "이 종이에는 아무것도 적힌 것이 없소"

"들어가도 되겠소?" 베란다에서 어떤 목소리가 우렁차게 말했다.

짧은 형체의 그림자가 양지 바른 땅 위에 나타났다. 우리는 모두 그 목소리를 알아들었다! 챌린저 교수가 색깔 있는 리본이 달린 밀짚모자를 쓰고 손은 재킷 주머니에 넣은 채 우리 앞에 나타났을 때 우리는 깜짝 놀라 벌떡 일어났다. 그곳에 챌린저 교수가 긴 검은 수염과 반쯤 감긴 눈을 하고 서 있었다.

"내가 몇 분 늦은 것 같소. 내가 이 편지봉투를 당신들에게 주었을 때는 당신들이 그것을 열어 보게 할 작정이 아니었거든. p.96 나는 한 시간 일찍 도착하기로 되어 있었소. 내가 늦었기 때문에 서멀리 교수가 나를 거짓말쟁이라고 부를 기회를 주었소이다."

"여기서 교수님을 뵙게 되어 우리는 안심입니다. 우리 여행이 너무 일찍 끝나 버릴 것 같았거든요. 하지만 왜 교수님이 이런 식으로 우리와 합류하기로 결정하셨는지 이해가 되지 않습니다." 록스턴 경이 말했다.

대답하는 대신 챌린저 교수는 들어와서 나와 록스턴 경과 악수하고 서멀리 교수에게는 고개를 숙여 인사한 다음 버들가지로 엮어 만든 의자에 앉았다.

"여행할 준비는 다 되어 있소?" 챌린저 교수가 물었다.

"우리는 내일 출발할 수 있어요."

"그럼 그렇게 합시다. 당신들한테는 안내해 줄 내가 있으니 지도도 길안내도 필요 없소. 내 지능과 충고가 어떤 지도보다도 나으니까. 나는 당신들과 함께 여행해야 한다는 부담감을 느끼고 싶지 않았기 때문에 당신들에게 그 편지봉투를 준 것이오."

p.97 "나한테 부담감을 느낄 필요는 없소!" 서멀리 교수가 외쳤다. "사용할 수 있는 배가 하나 더 있기만 해도 나는 그 배를 타고 당신 없이 따로 갈 거요."

챌린저 교수는 자신의 털북숭이 손을 흔들어 서멀리 교수를 쫓았다.

"차라리 내가 필요한 바로 그 순간에 나타나는 것이 좋잖소. 당신들은 이제 안전하오. 이제 당신들이 목적지에 도달하지 못하는 일은 없을 테니까. 이제부터 내가 이 여행의 지휘를 맡겠소. 그리고 아침 일찍 출발할 수 있도록 오늘 밤에 준비를 끝내 두라고 당신들에게 부탁해야겠소. 내 시간은 소중하오. 가능한 빨리 그곳에 도착하도록 노력해야 하오."

존 록스턴 경은 에스메랄다호라는 큰 증기선을 마련해 놓았는데, 그것이 우리를 강 상류로 실어다 줄 예정이었다. 기후 때문에 우리는 여행 계획을 세워야 했다. p.98 기온은 여름이나 겨울이나 모두 섭씨 35~50도를 오르락내리락하며 더위가 계절에 따라 현저한 차이를 보이지 않는다. 그러나 12-5월까지는 우기다. 이 시기 동안에는 강이 최저 수위에서 거의 40피트 높이까지 천천히 위로 올라온다. 강은 강둑과 큰 땅덩어리에 홍수를 일으키는데, 이곳은 가포라고 불린다. 가포에서는 물 때문에 걸어서 이동하는 것이 불가능하지만 배가 지나가기에는 또한 너무 얕다.

6월쯤이면 강물이 빠지기 시작하고 10월이나 11월에 가장 수위가 낮아진다. 그래서 우리의 탐험은 건기에 행해졌다. 강의 물살은 세지 않다. 바람이 남동쪽에서 불어오기 때문에 항해하는 것은 쉽고 배는 페루까지 계속 전진해 갈 수 있을지도 모른다. 우리의 경우에는 에스메랄다호의 뛰어난 엔진이 배를 강의 느린 물살보다 더 빠르게 밀어낼 수 있었으므로 우리는 빠르게 물살을 타고 위로 올라갔다.

p.99 사흘 동안 우리는 북서쪽 방향을 따라 강 상류로 올라갔는데, 그 강은 그 강어귀에서부터 수천 마일 떨어진 이곳에서도 여전히 아주 거대했다. 마나오스를 떠난 지 나흘째 되는 날 지류의 어귀가 주된 물길보다 조금도 작지 않은 지류로 방향을 틀었다. 그러나 그것은 빠르게 좁아졌고 이틀 더 배를 타고 이동한 후에 우리는 한 인디언 마을에 이르렀다. 이곳에서 챌린저 교수는 우리가 육지에 내리고 에스메랄다호는 마나오스로 돌려보내야 한다고 말했다.

우리가 곧 급류를 만나게 될 것이고 그러면 큰 배를 사용하는 것이 불가능할 것이라고 챌린저 교수는 설명했다. 그는 우리가 지금 미지의 땅 입구에 다가가고 있는 것이라고 은밀하게 덧붙였다. p.100 데려가는 사람이 적을수록 더 나았다. 챌린저 교수는 또한 우리 각자에게 우리가 있는 곳으로 가는 정확한 길 안내를 제공할 어떤 것도 출판하거나 발설하지 않겠다고 명예를 걸고 약속하게 했다. 하인들도 또한 약속하라는 말을 들었다. 내가 우리가 어디에 있었는지에 대해 너무 많이 상세한 설명을 하지 않으려는 것은 이런 이유에서이다. 나는 정확한 지도를 그릴 수 있지만 길 안내를 바꾸어 놓아 독자가 그 장소를 찾을 수 없게 할 것이다. 챌린저 교수가 모든 것을 비밀로 지키려는 이유가 합당한 것인지는 모르겠다. 그러나 내가 그것을 비밀로 지키지 않으면 그는 우리를 더 이상 안내하지 않을 것이다.

우리가 에스메랄다호와 작별을 한 것은 8월 2일이었다. 그때부터 나흘이 지났는데, 그동안 우리는 인디언들로부터 두 개의 큰 카누를 얻었다. 그것들은 가벼운 재질(대나무 틀 위에 가죽)로 만들어져서 우리가 가지고 다닐 수 있어야 했다. p.101 우리는 이 카누들을 다른 비품들이랑 함께 꾸렸고 우리를 도와줄 인디언 두 명을 더 데려갔다.

나는 이름을 듣고 그들이 챌린저 교수와 지난 번 여행을 함께 떠났던 아타카와 이페투, 그 두 사람이라는 것을 알았다. 그들은 그 여행을 다시 하게 되어 겁을 먹은 것처럼 보였다. 하지만 그들 마을의 족장이 그들을 강제로 가게 했으므로 그들에게는 선택의 여지가 없었다.

그렇게 내일이면 우리는 미지의 세계로 사라진다. 이런 보고를 나는 카누를 타고 강을 내려가면서 보내고 있고 그것이 우리 운명에 관심이 있는 사람들에게 보내는 마지막 소식일지도 모른다. 나는 그것을 친애하는 맥아들 편집장님 앞으로 써 왔다. 그러므로 편집장님께서는 편집장님께서 원하시는 어느 것이든 삭제하시거나 변경하셔도 됩니다. p.102 서멀리 교수의 생각에도 불구하고 나는 우리 대장이 그의 약속을 지킬 것이라는 데 한 치의 의혹도 가지고 있지 않다. 우리는 얼마간의 놀라운 것들을 보게 될 참이다.

새로운 세계의 외딴 초소들

p.103 우리는 목표에 다다랐다. 이제까지 챌린저 교수가 우리에게 한

말은 모두 사실이었다. 우리는 아직 고원을 넘지는 않았지만 그곳을 볼 수 있다. 서멀리 교수조차도 더 조용해졌다. 그는 여전히 챌린저 교수가 옳다는 것을 인정하지 않으려고 한다. p.104 우리는 다친 그 지역 인디언 한 명을 집으로 보내려고 하고 나는 그 사람 편에 이 편지를 보낼 것이다.

지난번에 편지를 썼을 때 우리는 인디언 마을을 막 떠나려고 하던 참이었다. 교수들은 모든 여정 내내 언쟁을 계속했다. 영어를 하는 혼혈 인디언 고메즈는 훌륭한 일꾼이지만 너무 호기심이 많다. 마을에서 머문 마지막 날 저녁에 그는 우리 오두막 근처에 숨어서 우리가 우리 계획에 대해 토론하는 것을 들었다. 잠보가 그를 보고 끌고 나와 우리에게 데려왔다. 고메즈는 자기 칼을 꺼냈지만 잠보가 가까스로 그에게서 칼을 빼앗았다. 그 두 사람은 억지로 악수를 하고 사과를 했다.

교수들은 두 명의 어린아이 같다. 한 명은 징징대며 골을 잘 내는 반면에 한 명은 너무 강경하다. 그들은 각자 과학적으로 대단한 두뇌를 가지고 있지만 머리가 아주 좋은 사람이 늘 아주 좋은 성격을 가지고 있는 것은 아니다.

p.105 바로 다음날 우리는 여행을 시작했다. 우리는 우리의 소지품 전부가 그 두 대의 카누에 아주 쉽게 딱 맞추어 들어간다는 것을 알았다. 우리는 여섯 명씩 두 팀으로 나뉘었는데, 교수들은 한 명씩 각각의 카누에 태웠다. 개인적으로 나는 챌린저 교수와 함께 있었다. 그의 기분은 햇살 같았지만 나는 그의 기분에 폭풍우가 칠 때 무슨 일이 일어나는지 이미 본 적이 있었다. 나는 챌린저 교수 주변에서는 절대 지루해할 수도 없고 편안하게 느낄 수도 없었다.

이틀 동안 우리는 강 상류로 올라갔다. 강의 이쪽 부분은 우리가 강바닥을 볼 수 있을 만큼 맑았다. 강의 어떤 부분은 이렇게 맑은 반면 어떤 부분은 강바닥에 흙이 있어서 강 전체를 탁하고 뿌옇게 만들었다. 우리는 두 번 우연히 급류를 만났고 매번 그것을 피해 갔다.

p.106 양옆의 숲에는 키가 큰 나무들이 있었지만 관목이 거의 없고 키가 작은 다른 식물들이 적어서 우리는 카누를 들고 쉽게 그것들을 헤쳐 나갈 수 있었다. 내가 어떻게 그 숲의 신비로움을 잊을 수 있을까? 나무들은 도시에서 온 이 청년이 여태까지 상상해 볼 수 있었던 것보다 훨씬 크고 울창했다. 꼭대기의 잎들이 두터운 지붕을 만들어서 그 사이로 아주 약간

의 햇빛만이 통과해 들어올 수 있었다.

나무 사이로 소리 없이 걸어갈 때 우리는 모두 조용해졌다. 과학자들이 이곳에서 자라는 모든 대형 식물들의 이름을 내게 말해 주었다. 우리가 약으로 쓰고 또 다른 용도로 쓰는 식물들 중 아주 많은 것들이 이 커다란 숲에서 나온다.

짙은 빨간색, 파란색, 금색의 멋진 색을 가진 꽃이끼들이 나무에 온통 별 모양으로 자라나 있었다. 나는 내가 요정의 나라에 있는 듯한 느낌이었다. 이 커다란 숲에서는 모든 식물들이 햇빛을 찾아 위쪽을 향해 자란다. 모든 식물들이, 작은 식물들조차도 더 크기가 크거나 키가 큰 식물을 타고 기어오른다.

p.107 우리 근처의 땅에서는 어떤 동물도 움직이지 않았지만 우리 머리 한참 위쪽으로는 끊임없는 움직임이 있었다. 뱀과 원숭이, 새, 나무늘보들이 양지 바른 곳에서 살았고 어둠 속에서 움직이는 우리의 작은 모습에 놀라서 아래를 내려다보았다. 새벽과 황혼 때에는 울부짖는 원숭이들이 함께 비명을 질러댔고 앵무새들은 큰 소리로 울었지만 낮에 기온이 높은 시간 동안에는 곤충들만이 윙윙거렸다. 이따금씩 우리는 땅 위 그늘진 곳에서 움직이는 개미핥기나 곰을 보았다.

그런데 우리 근처에 살고 있는 인간들도 있었다. 한 번은 숲에서 처음 듣는 콧노래 소리를 들었다. 우리의 인디언 동료들은 공포로 얼어붙었다.

"그런데 그 소리가 뭐야?" 내가 물었다.

p.108 "전쟁을 알리는 북소리네. 나는 전에 저 소리를 들은 적이 있어." 록스턴 경이 말했다.

"맞아요, 나리. 전쟁을 알리는 북소리예요." 고메즈가 말했다. "난폭한 인디언들이 우리를 지켜보고 있어요. 그들이 우리를 죽이고 싶어 해요."

"그들이 어떻게 우리를 볼 수 있는 거야?" 내가 물었다.

고메즈가 어깨를 으쓱했다.

그날 오후쯤에는 각각 다른 방향에서 들려오는 적어도 예닐곱 번의 북소리를 들을 수 있었다. 때때로 그들은 빠르게 치고 때로는 느리게 쳤다. 그 소리들은 서로에게 이야기를 하고 있는 것 같았다. 그 소리는 우리 모두를 불안하게 했다.

"우리는 할 수 있다면 너희를 죽이겠다." 그 북소리는 되풀이해서 이렇게 말하는 것 같았다. "우리는 할 수 있다면 너희를 죽이겠다." 동쪽에 있는 사람들이 말했다. "우리는 할 수 있다면 너희를 죽이겠다." 북쪽에 있는 사람들이 말했다.

하루 종일 북소리가 속삭였다. 서멀리 교수와 챌린저 교수만이 신경 쓰지 않는 듯했다. 나는 그들의 두뇌는 과학과 관련한 일들을 생각하느라 너무 바빠서 두려움 따위는 신경 쓸 여유가 없는 것 같다고 생각했다. p.109 하루 종일 그들은 새들과 식물들을 계속해서 관찰했다. 딱 한 번 그들은 북소리에 대해 말했다.

"미란하 아니면 아마주카 식인종이군." 챌린저 교수가 말했다.

"틀림없소, 교수." 서멀리 교수가 대답했다. "그런 식인종 부족들 전부와 마찬가지로 그들의 선조들이 아시아인이라고 생각하오."

"나는 그들의 선조들에 대한 이론에는 동의하지 않소."

"일반 과학자들까지도 그 이론이 사실이라는 것은 알고 있소." 서멀리 교수가 따끔하게 말했다.

그들은 서로를 지독하게 쏘아보았다. "우리는 너희를 죽이겠다. 우리는 할 수 있다면 너희를 죽이겠다." 멀리서 북소리가 계속해서 두둥둥 울렸.

그날 밤 우리는 공격 받는 것을 기다렸지만 아무도 오지 않았다. 우리는 다음날 아침 떠났고 북 치는 소리는 조용해졌다. p.110 오후 3시경 우리는 길이가 1마일이 넘는 매우 경사가 가파른 급류에 이르렀다. 인디언들이 먼저 카누를, 그 다음에는 우리의 비품을 숲 속으로 옮겼는데, 이때 우리의 비품은 꽤 부피가 커졌다. 우리 네 명의 백인들은 라이플총을 어깨에 메고 그들 사이에서 걸었다. 저녁이 되기 전에 우리는 성공적으로 급류를 통과했다.

다음날 우리는 여행을 계속했다. 갑자기 챌린저 교수가 이상한 각도로 자라고 있는 어떤 나무를 가리켰다.

"저것을 뭐라고 생각하시오?" 챌린저 교수가 물었다.

"그것은 분명히 아싸이 야자수 같군요." 서멀리 교수가 말했다.

"정확하오. 비밀 입구는 이 강 건너편 0.5마일 전방에 있소. 나무가 곧 다르게 보이기 시작할 거요. 뚫고 들어가면 당신도 이해하게 될 거요."

그곳은 정말 멋진 곳이었다. 우리는 몇몇 옅은 초록색 식물들을 지나 걸어갔고 맑은 강에 이르렀다. p.111 멀리서 보면 이런 강이나 요정의 땅이 존재하리라고 아무도 생각하지 못했을 것이다.

이 강 위로 자라는 울창한 나무들이 터널을 만들었다. 강은 수정처럼 맑았고 유리판처럼 움직임이 없었고 빙하의 가장자리처럼 초록색이었다. 인디언들의 흔적은 전혀 없었지만 우리는 동물들을 더 자주 볼 수 있었다.

그들은 무척 온순해서 한 번도 인간들에게 사냥을 당해 본 적이 없는 것이 분명했다. 새하얀 이빨과 노란 눈을 가지고 있는 작은 검정 벨벳 원숭이들은 우리가 지나갈 때 우리를 보고 깩깩거렸다. 짙은 색의 재바르지 못한 맥은 덤불 틈 사이로 우리를 쳐다보았다. 노란색의 퓨마마저도 초록색의 악의 어린 눈으로 우리를 쏘아보았다. 왜가리나 황새처럼 키가 큰 새들은 맑은 물로 물고기를 잡으러 갔다. 사흘 동안 우리는 이 안개 자욱한 초록 햇빛이 비치는 터널을 올라갔다.

p.112 "인디언들은 아무도 여기 안 와요." 고메즈가 말했다. "그들은 쿠루푸리를 너무 두려워해요."

"쿠루푸리는 숲의 정령이네." 록스턴 경이 설명했다. "그것은 어떤 종류의 악령에든 붙는 이름이지."

사흘째 되는 날 강은 빠르게 얕아지고 있었다. 그날 밤 우리는 숲 속에서 잤고 아침에 록스턴 경과 나는 강의 더 위쪽을 탐사했다. 우리는 더 이상 우리 카누를 사용할 수 없다는 것을 알았다. 우리는 몇 그루의 초목들 뒤에 카누를 숨겨 놓은 다음 우리 비품들을 운반하기 위해 개개인에게 배분했다.

챌린저 교수는 대장처럼 주변의 모든 사람에게 명령하기 시작했다. 이것은 서멀리 교수를 화나게 했다.

"왜 당신이 우리 모두에게 명령을 내릴 수 있다고 생각하는지 물어봐도 되겠소, 교수?" 서멀리 교수가 침착하게 물었다.

p.113 챌린저 교수가 쏘아보았다.

"서멀리 교수, 나는 이 원정대의 대장 자격으로 그러는 것이오."

"교수, 내가 당신을 대장으로 생각하지 않는다는 것을 말하지 않을 수 없군요."

"그럼 내가 뭔데요?"

"당신은 시험에 든 사람이오. 우리는 당신의 심판이지요."

"맙소사! 그럼 당신이 길을 안내하시오. 나는 따라갈 테니."

그들은 록스턴 경과 내가 에든버러의 일링워스 박사를 언급할 때까지 말다툼을 멈추지 않았는데, 그들은 둘 다 그를 싫어했다. 그들 두 사람은 싫어하는 과학자에 대해 불평을 하느라고 잠시 말다툼하는 것을 멈추었다. 우리는 계속 걸어가다가 너무 축축하고 이끼가 껴서 무릎 높이까지 쑥쑥 빠지는 땅에 이르렀다. p.114 이곳에서는 모기들이 크고 시끄러운 무리를 이루어 윙윙거렸다.

카누를 두고 떠난 지 이틀째 되는 날 우리는 언덕을 오르기 시작했고 나무 수는 더 적어졌다. 울창하고 키가 큰 아마존 강의 나무들은 야자수와 관목들로 대체되어 있었다. 챌린저 교수와 인디언들은 몇 번 방향에 대해 이견을 보였지만 우리는 인디언 말을 따르기로 동의했다. 챌린저 교수는 우리가 자기 대신 '야만인들'을 따르려고 한다고 화를 냈지만 결국 그도 인디언들이 사실은 옳다고 인정했다.

길은 여전히 점점 더 높이 위로 올라갔다. 나무들은 점점 더 작아지고 자라 있는 유일한 화초들은 분홍색과 흰색의 난초들이었다. 양치식물로 인해 그늘이 진 작은 시내가 있었고 우리는 그곳에서 야영을 할 수 있었다. 파란 물고기가 그 속에서 헤엄쳤고 우리는 그것들을 저녁으로 먹었다.

카누를 두고 떠난 지 아흐레째 되는 날 120마일쯤 걷고 나서 우리는 그 나무들에서 벗어나기 시작했다. p.115 우리는 대나무들에 둘러싸였다. 대나무가 너무 무성해서 우리는 그것들을 잘라내야 했다. 그것은 지루하고 우울한 일이었다. 우리는 천천히 나아갔고 내가 볼 수 있는 것이라곤 온통 노란 대나무 벽이 전부였다.

우리는 멀리서 몇몇 동물들이 우는 소리를 들을 수 있었다. 나는 어떤 종류의 동물들이 대나무 숲에 사는지 몰랐지만 우리는 우리와 꽤 가까운 곳에 있는 크고 몸무게가 많이 나가는 동물들의 소리를 몇 번 들었다. 그 소리들을 듣고 록스턴 경은 그것들이 어느 정도 야생 소의 형태일 것이라고 판단했다. 힘든 하루를 보내고 밤이 되어 우리는 마침내 휴식을 취했다.

다음날 아침 일찍 우리는 다시 걷고 있었고 땅은 다시 바뀌었다. p.116 우리 뒤로는 마치 거대한 강처럼 대나무 벽이 있었다. 앞에는 위쪽으로 약간 경사진 탁 트인 평원이 있었다. 평원이 가파른 낭떠러지로 끝나기 전까지는 커다란 양치식물들이 이 땅 위에서 자랐다. 우리는 정오에 이곳에 도착했고 결국 그 너머에 있는 얕은 골짜기를 발견했다. 이것이 우리가 넘어야 할 수많은 언덕들 중 첫 번째 언덕이었다. 이곳에서 어떤 일이 일어났다.

현지 인디언과 함께 있던 챌린저 교수는 갑자기 걸음을 멈추고 흥분하여 오른쪽을 가리켰다. 그가 그렇게 했을 때 우리는 1마일 정도 떨어진 곳에서 거대한 회색 새처럼 보이는 무언가가 땅에서 날아올라 천천히 날아

293

가는 것을 보았다. 그것은 나무고사리 사이로 사라질 때까지 매우 낮게 똑바로 날아가고 있었다.

"그것을 봤소?" 챌린저 교수가 기뻐하며 외쳤다. "서멀리 교수, 그것을 봤소?"

서멀리 교수는 그 생물이 사라진 곳을 바라보고 있었다.

"저것이 뭐라고 생각하는데요?" 서멀리 교수가 물었다.

p.117 "나는 그것이 익룡이라고 믿소."

서멀리 교수가 웃음을 터뜨렸다. "그것은 황새였을 뿐이오."

챌린저 교수는 너무 화가 치밀어서 말도 하지 못했다. 그는 그저 행군을 계속할 뿐이었다. 록스턴 경은 내 옆에서 걸었다. 록스턴 경은 망원경을 들었다.

"그것이 나무들 너머로 가기 전에 나는 그것에 초점을 맞추었네." 록스턴 경이 진지하게 말했다. "그게 무엇인지는 모르지만 내 평생 그런 새는 본 적이 없어."

우리가 정말 미지의 세계 언저리에 있는 것일까? 그때 이후부터 주목할 만한 일은 아무것도 일어나지 않았지만 그것이 이상했다.

그리고 나의 독자들이여, 지금까지 나는 우리의 여행을 상세히 설명해 왔다. 마침내 나는 내가 사진에서 보았던 높은 붉은 절벽들이 줄지어 있는 것을 볼 수 있었다. p.118 내가 편지를 쓰는 지금도 그것은 거기에 있고 사진과 똑같다는 것에는 의심의 여지가 있을 리 없다. 챌린저 교수는 공작새만큼이나 거만하지만 서멀리 교수는 조용하고 여전히 냉소적이다. 또 다른 하루가 우리가 의심한 것 중 몇 개를 종식시켜 줄 것이다. 대나무에 팔을 다쳐서 호세는 집으로 돌아가기로 결정했다. 나는 이 편지를 그와 함께 보냈는데, 이 편지가 영국으로 돌아가는 방법을 찾기를 바란다.

누가 그것을 예견할 수 있었을까?

p.119 끔찍한 일이 우리에게 일어났다. 나는 이 곤란한 일의 어떤 결말도 예상할 수 없다. 어쩌면 우리가 이 이상한 장소에서 평생을 보내야 해야 할지도 모른다. 나는 여전히 너무 혼란스러워서 명료하게 생각을 할 수가 없다.

p.120 이제껏 어떤 사람도 자신이 이보다 더 나쁜 위치에 있는 것을 발견한 적은 없으리라. 내가 여러분에게 정확한 우리의 위치를 보낼 수 있다고 해도 여러분이 우리를 발견할 무렵이면 너무 늦을 것이다. 우리는 사실 마치 달나라에 있는 것처럼 인간에게서 받는 어떤 도움에서도 그만큼 멀어져 있다. 우리는 살아남기 위해 우리 자신을 믿어야 한다. 나한테는 세 명의 주목할 만한 남자, 즉 뛰어난 두뇌와 용기를 가진 남자들이 동료로 있다. 거기에 우리의 유일한 희망이 있다. 그들은 두려워하는 것처럼 보이지 않으며 그것이 내게 희망을 준다.

나는 무슨 일이 일어났는지 설명하려고 한다.

내가 지난번 편지를 다 썼을 때 우리가 붉은 절벽들이 거대하게 한 줄로 늘어선 곳에서 7마일 거리 안에 있다고 말했는데, 그 절벽들은 챌린저 교수가 말했던 고원 주위로 이어졌다. 절벽들의 높이는 어떤 부분에서는 1,000피트가 넘는 것 같았다. 우리는 그 거대한 절벽들 꼭대기에서 자라고 있는 식물들을 볼 수 있었지만 동물들은 한 마리도 보지 못했다.

p.121 그날 밤 우리는 절벽 바로 밑에서 야영을 했다. 절벽들은 오르기에 불가능해 보였다. 우리 가까이에 있는 꼭대기에는 나무 한 그루가 자라고 있는 피라미드 모양의 바위가 있었다. 다른 절벽에 비해 이것은 낮아서 500~600피트 정도밖에 안 되었다.

"그게 저 위에 있었어." 챌린저 교수가 이 나무를 가리키며 말했다. "저곳이 내가 익룡을 총으로 쏜 곳이네!"

챌린저 교수가 그가 잡은 익룡 이야기를 할 때 나는 서멀리 교수를 흘끔 보았고, 처음으로 나는 그가 챌린저 교수의 이야기를 믿기 시작하고 있다는 신호 몇 개를 본 것 같았다. 서멀리 교수는 흥분과 놀라움의 표정을 지었다. 챌린저 교수 또한 그것을 보고 자랑스럽게 미소를 지었다.

아침에 우리는 아침 식사를 하고 어떻게 고원을 오를 것인지를 의논했다. p.122 챌린저 교수는 우리가 계획을 논의하는 것을 지켜보면서 마치 어떤 위대한 재판관이라도 되는 양 행동하는 듯했다. 나는 젊었고 햇볕으로 인한 화상을 온몸에 입었지만 여전히 기운이 넘쳤다. 서멀리 교수는 조용히 파이프 담배를 피웠다. 록스턴 경은 그의 라이플총에 기대어 열정적으로 모두를 지켜보고 있었다. 다른 사람들은 우리 뒤쪽에서 기다렸다.

"지난번 내가 여기에 있었을 때는 저 피라미드 바위를 오르느라 내 비품을 모두 써 버렸지." 챌린저 교수가 말했다. " 나는 위로 더 올라갈 수 있는 어떤 길도 찾을 수가 없었다네. 그럼 이제 어떻게 해야 할까?"

"합리적인 산행길이 하나 있을 것 같소." 서멀리 교수가 말했다. "당신이 동쪽을 탐험했다면 우리는 절벽 기슭을 따라 서쪽으로 이동해서 올라가는 길을 찾아야 할 거요."

"바로 그겁니다." 록스턴 경이 말했다. "이 고원이 아마 그리 크지는 않을 테니 우리는 올라가는 쉬운 길을 찾을 때까지 고원을 빙 둘러 가 봐야 해요."

p.123 "내가 여기 있는 젊은 친구에게는 위로 올라가는 쉬운 길이 있을 리 없다고 벌써 설명해 주었소. 그렇지 않다면 저 위에 살고 있는 거대한 동물들이 내려왔을 테지." 챌린저 교수가 말했다. 그는 늘 나에 관해서는 내가 마치 어린아이라도 되는 양 말했다. "하지만 어쩌면 전문 등반가는 오를 수 있지만 큰 동물은 내려올 수 없는 곳이 있을 수도 있다는 것은 인정하오."

"그것을 어떻게 아시오, 교수?" 서멀리 교수가 날카롭게 물었다.

"그 미국인 메이플 화이트가 실제로 등반했기 때문이오. 그렇지 않고서야 어떻게 그가 그의 수첩에 스케치한 그 괴물을 볼 수 있었겠소?"

"당신이 말하는 고원이 존재한다는 것은 인정하지만 나는 여전히 당신이 말하는 괴물의 존재는 믿지 않소."

"당신이 무슨 생각을 하든 상관없소. 자, 보시오!" 그가 서멀리 교수를 꽉 잡더니 강제로 고원을 올려다보게 했다. p.124 "자, 교수!" 그가 외쳤다. "이제 저 고원에 동물들이 있을 거라는 데 동의하시오?"

위를 올려다볼 때 우리는 납작한 머리를 가진 커다란 뱀을 볼 수 있었다. 햇빛이 잠시 그 뱀의 반짝이는 피부를 비추었다. 그러고 나서 그 뱀은 다시 동굴로 돌아가 모습을 감추었다.

서멀리 교수는 잠시 이 동물을 바라보더니 마침내 챌린저 교수의 손을 떨쳐냈다.

"다음에는 나를 붙잡지 마시오. 그건 그냥 보통의 비단뱀일 뿐이오."

"그래도 저 뱀은 저 위쪽에 생명체가 있다는 증거요. 그러니 우리는 올라가는 길을 찾을 때까지 서쪽으로 가야 하오."

우리는 오래된 야영지를 발견할 때까지 바위투성이 땅을 천천히 걸어 다녔다. 그곳에는 고기와 '시카고 트리뷴'이라고 하는 신문지 조각들 같이 예전 야영지의 흔적이 조금 있었다.

"내 것은 아니오." 챌린저 교수가 말했다. "메이플 화이트의 것임이 분명하오."

p.125 록스턴 경은 호기심을 느끼며 커다란 나무고사리를 들여다보고 있었다.

"이것을 보세요."

단단한 나뭇조각 한 개가 서쪽을 가리키고 있는 나무에 박혀 있었다.

"이건 아마 메이플 화이트가 남긴 표시일 거야." 챌린저 교수가 말했다. "우리는 그것을 따라가야 해."

곧 우리는 대나무가 매우 높게 자라 있는 한 뙈기의 땅을 발견했다. 대나무들의 맨 위쪽은 창처럼 날카로웠다. 갑자기 우리는 대나무 안에서 무언가 희고 빛나는 것을 보았다. 나는 안을 들여다보았고 한 사람의 온전한 해골을 찾아냈다.

우리가 시체를 살펴볼 수 있도록 인디언들이 대나무를 잘라 냈다. 해골의 목에는 '뉴욕 허드슨'이라고 적힌 금으로 만든 회중시계가 둘러져 있다. p.126 금속은 그리 녹슬지 않았으니 그 사고는 어느 정도 최근의 것임에 틀림없다.

"저 사람은 누구일까요?" 록스턴 경이 물었다. "가엾은 사람! 온몸의 뼈가 부러진 것 같습니다."

"그리고 산산이 부서진 그의 갈비뼈를 뚫고 대나무가 자라는군." 서멀리 교수가 말했다.

"내가 메이플 화이트에 대해서 더 알아보려고 하고 있을 때 나는 그 사람을 알고 지냈다는 성직자와 이야기했소. 그는 나에게 당시에 메이플 화이트는 혼자가 아니라 친구가 한 명 있었는데, 제임스 콜버라는 미국인이라고 하더군. 그러므로 내 생각에는 우리가 지금 이 제임스 콜버라는 사람의 유골을 살펴보고 있다는 것에 의혹의 소지가 있을 리 없을 것 같소." 챌린저 교수가 말했다.

"그가 저 거대한 절벽에서 내던져졌든지 아니면 떨어진 것도 분명하군요." 록스턴 경이 덧붙였다.

우리는 모두 록스턴 경의 말에 대해 생각하느라 조용해졌다. 그가 그냥 떨어지게 된 것일까 아니면 누군가에 의해 던져진 것일까?

p.127 우리는 조용히 계속 이동했다. 5마일쯤 가서 우리는 그 거대한

절벽에 끊어진 곳이 없다는 것을 알았다. 그러고 나서 갑자기 우리는 그 바위 중 하나에 분필로 그려진 흰색 화살표를 보았다. 그것은 여전히 서쪽을 가리켰다.

"또 메이플 화이트로군." 챌린저 교수가 말했다. "나는 그의 배낭에서 분필을 발견했소."

우리가 다시 바위 위에서 흰색 화살표를 보았을 때는 5마일쯤 더 갔을 때였다. 그것은 우리가 가던 길로 계속 올라갈 것을 가리키고 있었다. 우리 양옆에 있는 벽은 매우 높아졌고 우리는 몹시 배가 고팠다. 우리는 백인 네 명과 혼혈 인디언들이 조금 더 길을 가 보는 동안 인디언들에게는 야영지를 만들라고 지시했다.

우리는 40피트쯤 되는 거대한 협곡에 다다랐다. p.128 우리가 이것을 오르내릴 수 있는 길은 없었다. 갑자기 록스턴 경이 동굴 입구처럼 생긴 것을 발견했다. 이 동굴을 오르는 것은 어렵지 않았다. 우리는 안을 들여다보고 또 다른 흰색 화살표를 발견했다. 이곳이 메이플 화이트와 그의 친구가 올라간 지점이었다.

우리는 너무 흥분해서 야영지로 돌아갈 수 없었다. 록스턴 경이 횃불을 켰고 우리는 그의 뒤를 따라 동굴로 들어갔다. 그 동굴은 둥근 돌로 채워져 있었고 아마 물에 의해 만들어진 것 같았다. 동굴이 너무 작아서 우리는 등을 굽혀야만 겨우 걸어갈 수 있었다. 50야드 정도가 바위 속으로 곧장 길이 뚫려 있었고 그 다음에 동굴은 45도 각도로 경사져 올라갔다. 우리는 손과 무릎을 땅에 대고 기어서 위쪽으로 이동해야 했다. 갑자기 록스턴 경이 소리를 질렀다.

"동굴이 막혀 있어요!" 록스턴 경이 말했다. "지붕이 떨어져 들어와 있어요!"

우리는 헛되이 돌덩이들 중 일부를 잡아당겨 치워 보려고 애썼다. p.129 메이플 화이트가 올라갔던 길은 더 이상 이용할 수 없는 것 같았다. 우리는 어두운 터널을 도로 내려와 야영지로 돌아왔다.

우리가 동굴 입구 밑에 소수의 무리를 지어 모여 있을 때 갑자기 커다란 바위가 아래쪽으로 굴러 떨어졌다. 우리는 제시간에 딱 맞추어 길 밖으로 뛰어나가야 했다. 어떻게 바위가 저절로 떨어질 수 있다는 말인가? 누군가 우리에게 바위를 떨어뜨린 것이다. 우리는 서둘러 야영지로 돌아갔다. 우리의 여행은 예상했던 것보다 더 위험했지만 그 고원을 탐험하지 않고 어떻게 런던으로 돌아갈 수 있다는 말인가?

그 상황에 대해 의논하자마자 우리는 위로 올라가는 다른 길을 찾을 때까지 계속 서쪽으로 움직이기로 결정했다. 다음날 우리는 42마일을 행군했지만 위로 올라가는 또 다른 길을 찾지는 못했다. p.130 길이 계속해서 위쪽으로 올라갔기 때문에 이제 우리는 해발 3,000피트에 있었다. 공기는 더 서늘했고 곤충들은 더 이상 우리 머리 주변을 끊임없이 날아다니지 않았다.

그날 밤 굉장하고 멋진 일이 우리에게 일어났다.

친애하는 맥아들 편집장님, 이 편지를 읽고 계신 동안 우리의 여행이 헛된 것이 아니었음을 깨닫게 되실 것입니다. 굉장한 이야기가 우리 신문에 게재될 것입니다! 하지만 제가 우리 모험의 증거를 가지고 돌아갈 때까지 편집장님께서 이 이야기를 출판하시는 것을 저는 원하지 않습니다.

어떤 일이 일어난 거냐면 이렇게 된 것이었다. 록스턴 경이 아구티를 쏘았던 것이다. 아구티는 작은 돼지 같은 동물이다. 인디언들이 절반을 요리하는 동안 우리는 나머지 절반을 요리했다. 어둠이 내린 후 공기에는 냉기가 감돌았고 우리는 불가에 가까이 앉았다. 그날 밤은 달이 없었지만 별이 몇 개 있었고 평원 건너편의 가까운 거리는 볼 수 있었다. p.131 그런데 갑자기 밤의 어둠 속에서 무언가가 비행기처럼 우리를 지나쳐 날아갔다.

우리 모두가 잠시 가죽 같은 날개로 뒤덮였다. 짧은 순간 동안 나는 길고 뱀 같은 목과 사납고 탐욕스러운 붉은 눈, 그리고 커다란 부리를 보았다. 다음 순간 그것은 사라졌고 그렇게 우리의 저녁거리도 사라졌다. 처음 입을 연 사람은 서멀리 교수였다.

"챌린저 교수, 당신에게 사과하겠소. 내가 한 말을 용서하고 잊어 주시오."

처음으로 그 두 남자는 악수를 했다. 우리는 저녁을 잃어버렸을지는 모르지만 적어도 그 두 남자는 마침내 친구가 되었다.

우리는 이후 사흘 동안은 어떤 선사 시대의 생명체도 보지 못했다. 우리는 돌이 많은 사막과 축축한 습지들을 건넜다. p.132 우리는 종종 허리까지 차오르는 늪 속의 점액 물질을 헤치고 이동해야 했다. 우리는 또한 남미에서 가장 위험한 자라카카 뱀들을 많이 보았다. 계속해서 우리는 그 뱀들에게 총을 쏘아야 했다. 나는 그 뱀들의 온전한 둥지였던 것 같은 어떤 늪에 대한 악몽을 항상 꾸게 될 것이다. 나는 우리가 그 장소로부터 달아나고 그 뱀들이 우리를 쫓아오던 때를 회상하며 기억하게 될 것이다. 우리 지도에 우리는 그곳을 자라카카라고 이름 붙였다.

절벽은 이제 붉은색 대신 갈색이었고 300피트나 400피트쯤 낮아졌지만 여전히 우리는 올라갈 곳을 하나도 찾지 못했다.

"빗물은 어떻게든 내려가는 길을 찾는 게 분명하잖아요. 이것이 우리에게 길을 내줄지도 모르겠어요."

"우리 젊은 친구가 지혜로울 때가 있군." 챌린저 교수가 내 어깨를 툭툭 두드리며 말했다.

"비는 어디로든 가야 하니까요." 내가 반복해서 말했다.

p.133 "비가 밖으로 나오지 않으면 안쪽으로 흐르고 있는 것이 분명해요."

"그럼 가운데에 호수가 있겠군요."

"그 호수는 오래된 분화구일 가능성이 더 많을 거요." 서멀리 교수가 말했다. "나는 중앙에 물이 고여 있는, 안쪽으로 경사진 고원의 표면을 발견할 것이라고 기대하오. 이것은 어떤 지하 터널을 통해서 자라카카 습지의 늪지대로 물을 빼낼지도 모르오."

엿새째 되는 날 우리는 절벽을 처음으로 한 바퀴 다 돌았고 우리가 피라미드 바위 옆에 만들었던 맨 처음 야영지로 돌아와 있는 것을 알게 되었다. 우리 중 아무도 절벽을 오를 수 있는 방법을 생각해 낼 수 없었기 때문에 우리는 낙담했다.

이제 우리는 어떻게 해야 할까? 결국 우리의 식량도 바닥이 날 것이다. 그리고 바윗돌은 너무 단단해서 잘라 내고 통과할 수가 없다. 그날 밤 내가 자러 갔을 때 챌린저 교수는 마치 불가에 있는 괴물 같은 황소개구리처럼 커다란 머리를 손으로 괴고 불 앞에 앉아 있었다.

p.134 하지만 아침에 우리에게 인사를 하는 챌린저 교수는 아주 딴 사람이었다. 그는 자부심이 가득한 표정으로 미소를 지었다.

"바로 이거야!" 챌린저 교수가 외쳤고 수염 사이로 그의 이가 반짝반짝 빛났다. "신사 여러분, 나를 축하해 주시고 또 서로 축하해도 좋소. 문제가 해결되었소."

"올라가는 길을 찾았나요?"

"그런데 어디죠?"

대답으로 챌린저 교수는 우리 오른쪽 위에 있는 피라미드 바위를 가리켰다.

물론 우리는 우리가 그 바위를 오를 수 있다는 것은 알았지만 바위 꼭대기와 고원 사이에는 엄청난 틈이 있었다.

"우리는 절대 건너갈 수 없어요." 내가 간신히 말문을 열었다.

"적어도 우리 모두 바위 꼭대기에 오를 수는 있네." 챌린저 교수가 말했다. "일단 거기에 올라가 보면 어떻게 건널지 계획을 짤 수 있을 거야."

p.135 아침 식사 후 우리는 등반 장비를 준비했다. 다른 사람들은 경험이 있는 등반가들이었지만, 나는 튼튼하고 힘이 넘칠 뿐이었다.

피라미드 바위는 오르기에 그리 어렵지는 않았지만 등반하는 것은 무서웠다. 바위는 점점 더 가팔라졌다. 우리는 손가락과 발가락으로 매달렸다. 아무튼 챌린저 교수가 제일 먼저 바위 꼭대기에 올라가 우리를 끌어당겨 줄 수 있었다. 마침내 우리는 이 거대한 바위의 작은 정상 위에 있었다.

이렇게 높이 올라오니 나는 우리가 얼마 전 이동했던 땅을 전부 볼 수 있었다. 옅은 초록색의 넓은 평원, 노란색의 대나무 숲, 그리고 그 뒤로 짙은 초록색의 울창한 숲도 다 보였다.

나는 챌린저 교수의 묵직한 손이 내 어깨 위에 얹었을 때도 여전히 그 아름다운 경관을 바라보고 있었다.

p.136 "이쪽이네, 젊은 친구." 챌린저 교수가 말했다. "절대 뒤돌아보지 말게. 항상 앞을 봐."

이 바위 꼭대기와 고원 사이의 틈은 약 40피트 정도 되었다. 나는 한쪽 팔을 나무줄기에 두르고 커다란 틈 위로 몸을 숙였다. 저 멀리 아래쪽에서 우리 하인들의 작고 거무스름한 형체가 우리를 올려다보고 있었다.

"이곳은 정말 호기심이 생기는군." 서멀리 교수의 목소리가 말했다.

나는 몸을 돌렸다가 서멀리 교수가 내가 매달려 있는 나무를 매우 흥미롭게 조사하고 있는 것을 발견했다. 그 매끄러운 나무껍질과 작은 잎들은 내 눈에 친근하게 보였다. "이런, 그것은 너도밤나무네요!" 내가 외쳤다.

"틀림없어." 서멀리 교수가 말했다.

"이 너도밤나무가 우리를 구해 줄 거야." 챌린저 교수가 말했다.

"물론입니다!" 록스턴 경이 외쳤다. "그 나무를 다리로 사용하면 되겠어요!"

"맞아, 친구들, 다리야! 어젯밤에는 절망적으로 보였지만 사람은 만사가 절망적일 때 가장 잘 머리가 돌아가는 거야! p.137 이 틈을 가로질러 떨어질 수 있는 다리를 찾아내야 했던 거야. 그거 보게."

그것은 분명히 훌륭한 생각이었다. 나무는 높이가 족히 60피트는 되었고 맞는 방향으로 떨어지기만 한다면 그것은 쉽게 그 틈을 가로지를 것이다. 챌린저 교수는 내게 도끼를 건넸다.

"우리 젊은 친구는 내가 시키는 대로 정확하게 나무를 베어야 하네."

챌린저 교수의 지시 하에 나는 우리가 그것이 쓰러지기를 원하는 방향으로 쓰러지도록 나무를 베었다. 얼마 후 록스턴 경이 나를 도와주었다. 한 시간이 조금 더 지나서 쪼개지는 소리가 크게 나더니 나무가 쓰러졌다. 나무는 굴러갔고 잠시 우리는 나무를 잃어버렸다고 생각했지만 그것은 완벽한 장소에서 멈추었다.

우리 모두는 한마디 말도 없이 챌린저 교수와 악수를 했다.

p.138 "내가 제일 먼저 이 땅으로 걸어 들어가고 싶소."

챌린저 교수가 다리로 다가간 그때 록스턴 경이 교수의 외투에 손을 얹었다.

"저는 그 일을 절대 허용하지 못합니다."

"그것을 허용하지 못한다니!" 챌린저 교수가 화를 내며 말했다.

"저는 군인입니다. 우리는 아무것도 모르는 새로운 지역으로 사람들이 들어가게 두지 않아요. 안전하지 않을 수 있어요."

챌린저 교수는 자신의 넓은 어깨를 으쓱했다.

"그럼 경은 대신에 무엇을 하기를 원하시오?"

"제가 아는 모든 것으로 보면 바로 저 덤불들 속에서 점심시간을 기다리는 식인종 부족들이 있을 수 있습니다." 록스턴 경이 다리 건너편을 쳐다보며 말했다. "우리는 조심할 필요가 있어요. 그러니까 말론 군과 제가 다시 내려가서 고메즈와 다른 혼혈 인디언 한 사람과 함께 라이플총 네 자루를 가지고 오겠습니다. 그런 다음 한 명이 다리를 건너가서 그가 안전하다고 할 때까지 나머지 사람들은 기다릴 것입니다."

p.139 챌린저 교수는 잘린 나무 그루터기에 앉아서 조급함을 참지 못했다. 록스턴 경과 내가 내려가서 라이플총과 산탄총을 가지고 올라왔다. 혼혈 인디언들도 같이 왔고 록스턴 경의 지시 하에 그들은 얼마간의 비품들을 위로 날랐다.

"자, 챌린저 교수님, 교수님께서 다리를 건너가는 첫 번째 사람이 되실 수 있겠군요." 록스턴 경이 모든 준비가 끝났을 때 말했다.

"제가 경의 허락을 받게 되어 정말 기쁩니다." 화가 난 챌린저 교수가 말했다.

챌린저 교수는 양쪽으로 다리를 하나씩 걸치고 나무 몸통에 앉아 나무를 기어 반대쪽으로 건너갔다. 그는 일어나서 공중에 팔을 흔들었다.

"드디어 왔소!" 챌린저 교수가 외쳤다.

나는 걱정스럽게 그를 바라보았다. 어떤 괴물이 튀어나와 그를 잡아먹을까? p.140 하지만 이상한 알록달록한 새가 그의 발치에서 날아올라 나무들 사이로 사라진 것만 빼면 모든 것이 조용했다.

서멀리 교수가 두 번째였다. 그는 두 개의 라이플총을 등에 멨다. 내가 그 다음으로 갔는데, 지나가고 있는 동안 나는 끔찍한 깊은 틈새를 내려다보지 않으려고 무진장 애썼다. 록스턴 경으로 말할 것 같으면, 그는 걸어서 다리를 건넜다! 그는 대담한 것이 분명했다.

그렇게 우리 네 명은 꿈의 땅, 그러니까 메이플 화이트의 잃어버린 세계에 와 있었다. 우리 모두에게 그것은 승리의 순간인 것 같았다. 우리가 곧 재앙에 직면할 거라고 누가 생각이나 할 수 있었겠는가? 우리가 50야드쯤 걸었을 때 우리 뒤에서 무시무시한 쿵 소리가 났다. 우리는 함께 우리가 왔던 길로 급히 돌아가 보았다. 다리가 사라진 것이었!

내가 훑어보니 절벽 바닥 저 멀리 아래쪽으로 나뭇가지들과 부러진 나무 몸통이 보였다. p.141 그것은 우리의 너도밤나무였다. 바위 가장자리가 부서져서 나무가 떨어진 것일까? 잠시 동안 이러한 설명이 우리 모두의 마음속에 들어 있었다. 그러고 나서 우리는 고메즈의 얼굴을 보았다. 그렇다, 그것은 고메즈였다. 그는 더 이상 수줍은 미소를 짓고 있지 않았다. 그의 얼굴에는 복수의 광기 어린 기쁨이 가득했다.

"록스턴 경!" 고메즈가 외쳤다. "존 록스턴 경!"

"그래, 나 여기 있네."

우리는 고메즈의 비명 같은 웃음소리를 들었다.

"그래, 네가 거기 있구나, 이 영국 개자식아. 그러면 너는 거기 남아 있게 될 것이다! 나는 참을성 있게 기다렸고 지금 내 기회가 왔던 거야. 너희는 올라오는 것이 힘들다는 것을 알았지. 그리고 내려가는 것은 더 힘들다는 것을 알게 될 거야. 이 저주받은 바보들아, 너희들은 함정에 빠졌어. 너희들 모두 다!"

우리는 너무 놀라서 말을 할 수가 없었다. p.142 우리는 놀라서 쳐다

보면서 그냥 그곳에 서 있을 수밖에 없었다.

"우리는 동굴에서 돌덩이로 너희를 거의 죽일 뻔했지." 고메즈가 외쳤다. "하지만 이게 더 낫군. 이게 더 느리고 더 끔찍하거든. 네가 누워서 죽어 갈 때 로페즈를 생각해라. 네가 푸투마요 강에서 5년 전에 총으로 쏴 죽인 로페즈 말이야. 내가 그의 동생이다. 복수를 했으니 나는 기쁜 마음으로 죽을 수 있겠구나."

분노의 손이 우리를 향해 삿대질을 하고 나서 사방이 조용해졌다.

만약 고메즈가 다리를 파괴하는 것으로 단순하게 복수하고 떠났다면 그는 도망쳤으리라. 하지만 그는 극적이고 싶어 했다. 록스턴 경은 무사히 약을 올릴 수 있는 사람이 아니었다. 고메즈는 바위를 기어 내려가기 시작했지만 그가 땅에 닿기 전에 록스턴 경은 고원 가장자리를 따라 달렸다. 그의 라이플총이 딸깍 하는 소리가 한 번 났고 우리는 아무것도 볼 수 없었지만 비명소리가 들렸고 사람의 몸이 쿵 하는 소리를 내며 떨어지는 소리를 들었다. p.143 록스턴 경이 시체 같은 얼굴로 우리에게 돌아왔다.

"내가 바보였습니다." 록스턴 경이 씁쓸하게 말했다. "여러분 모두를 이런 곤경에 처하게 한 것은 제 실수입니다. 이 사람들이 기억을 오래오래 간직한다는 것을 기억하고 제가 좀 더 조심했어야 했어요."

"다른 인디언 한 명은 어떻게 됐소? 나무를 가장자리로 밀어내는 데는 그들 둘 다 필요했잖소."

"그자도 쏠 수는 있었지만 가게 두었습니다. 그자는 이 일에 가담하지 않았을지도 모릅니다. 제가 그자를 죽였다면 아마 더 나았을지도 모르겠군요. 그자도 교수님 말씀대로 도운 것은 분명하니까요."

고메즈가 우리를 증오했다는 것을 알게 되니까 우리는 우리가 놓쳤던 단서들이 기억났다. 우리는 그가 때때로 얼마나 증오하며 우리를 바라보았는지, 그리고 우리를 염탐하는 그를 잠보가 어떻게 잡았는지가 기억났다. 무슨 일이 일어나고 있다는 것을 알아차렸을 때도 여전히 우리는 그 일에 대해 이야기하고 있었다.

p.144 고메즈의 친구일 수밖에 없는 흰 옷을 입은 남자 한 명이 목숨을 건지려고 달아나고 있었다. 그 뒤로 불과 몇 야드 떨어진 거리에 잠보가 있었다. 우리가 쳐다보고 있던 바로 그 순간에 잠보는 그 남자 등 위로 뛰어올라 그의 목에 팔을 홱 둘렀다. 그들은 땅바닥에서 함께 데굴데굴 굴렀다. 잠시 후 잠보가 일어나 죽은 남자를 바라보더니 우리에게 기쁘게 손

을 흔들며 우리가 있는 방향으로 달려왔다. 그 흰색 형체는 움직임 없이 대평원 한가운데에 누워 있었다.

우리의 두 명의 배신자들은 죽었지만 우리는 그들이 한 짓을 바꾸어 놓을 수가 없었다. 피라미드 바위로 돌아갈 수 있는 방법은 결코 없을 수도 있다. 우리는 이 세상의 원주민이었는데 이제는 그 고원의 원주민이었다. 그 두 가지는 분리되고 떨어져 있었다. 한 순간이 우리의 일생 전체를 바꾸어 놓았다.

p.145 나의 동료들은 조용해졌고 생각에 잠겼다. 그때는 오직 참을성 있게 덤불 속에 앉아 잠보가 오기를 기다리는 수밖에 없었기 때문이다. 마침내 그가 피라미드 바위에 올라 우리에게 소리쳤다.

"이제 어떻게 하지요?" 잠보가 외쳤다. "제게 말씀해 주시면 그대로 할게요."

그것은 대답하기보다는 묻기가 더 쉬운 질문이었다. 한 가지는 분명했다. 잠보는 바깥 세계와 연결된 우리의 믿음직한 유일한 연결 고리였다. 그가 우리를 떠나서는 안 되었다.

"아니에요! 안 그럴 거예요" 잠보가 외쳤다. "저는 안 떠날 거예요. 무슨 일이 있어도 항상 여기에서 저를 찾으세요. 하지만 제가 인디언들을 데리고 있을 수는 없어요. 그들은 이미 쿠루푸리가 이곳에 너무 많이 산다고 하면서 집에 갔어요."

우리 인디언들이 그들이 한 여행에 지치고 돌아가고 싶어 안달한다는 것은 여러 가지 방법으로 보여졌던 사실이었다. p.146 우리는 잠보가 사실을 말한다는 것과 그가 인디언들을 데리고 있는 것이 불가능할 것임을 깨달았다.

"내일까지만 그들을 기다리게 해 봐, 잠보!" 내가 외쳤다. "그럼 내가 그들 편으로 편지를 보낼 수 있을 거야."

"잘 알았어요, 나리! 그들이 내일까지 기다릴 거라고 약속할게요." 잠보가 말했다. "하지만 이제 저는 나리들을 위해 무엇을 하죠?"

잠보가 할 일은 많았고, 그 충직한 남자는 그 일을 했다. 먼저 그는 우리 지시에 따라 나무 그루터기에서 밧줄을 풀어 한 쪽 끝을 틈새 너머 우리 쪽으로 던졌다. 그 줄은 빨랫줄보다 더 굵지는 않았지만 엄청나게 튼튼했다. 우리가 그것으로 다리를 만들 수는 없더라도 등반하는 데 그것이 필요할지도 몰랐다. 잠보는 그런 다음 그가 가지고 있는 밧줄의 한쪽 끝을 우리가 가지고 올라온 비품 꾸러미에 단단히 묶어 주었고 우리는 그것을 끌어당길 수 있었다. p.147 비록 우리가 다른 것을 아무것도 발견하지 못한다고 해도 이 일은 우리에게 적어도 일주일치 비품을 제공해 주었다.

마침내 잠보는 내려가서 탄약 한 상자와 많은 다른 물건들을 포함, 이것저것 물건들이 섞여 있는 두 개의 다른 꾸러미를 가지고 올라왔다. 그가 마침내 내려간 것은 저녁때였으며 다음날 아침까지 인디언들을 데리고 있겠다고 약속했다.

그렇게 나는 촛불 하나에 의지해 우리의 경험담을 쓰면서 그 고원에서의 첫날밤을 거의 다 보냈다.

우리는 절벽의 맨 가장자리에서 음식을 먹고 야영을 했다. 우리는 곧 물을 찾을 필요가 있었지만 우리는, 심지어 록스턴 경조차도 우리가 하루치 모험으로 그 정도면 충분히 했다고 생각했다. 우리는 어떤 소음도 내지 않으려고 했으므로 불도 피우지 않았다.

p.148 내일 우리는 이 기이한 땅으로의 첫 번째 모험을 할 것이다. 내가 언제 다시 편지를 쓸 수 있을지 혹은 내가 언젠가 다시 편지를 쓰게 될지 나는 모른다. 한편 나는 인디언들이 여전히 자기 자리에 있는 것을 볼 수 있고 충직한 잠보가 곧 내 편지를 가지러 여기로 올 것이라고 확신한다. 편지가 편집장님한테 도착할 거라고 믿을 수밖에 없다.

추신 - 생각할수록 우리의 위치는 더 절망적인 것처럼 보인다. 우리가 돌아갈 수 있는 희망이 전혀 보이지 않는다. 고원 가장자리 가까이에 키가 큰 나무가 있다면 우리는 건너서 돌아갈 다리를 쓰러뜨릴 수 있을 수도 있지만 50야드 이내에는 나무가 하나도 없다. 우리가 단결한 힘으로는 나무의 몸통 하나를 나를 수도 없다. 물론 밧줄은 짧아도 너무 짧다. 그렇다, 우리는 절망적이다! 희망이 없다!

최고로 멋진 일이 일어났다

p.149 우리가 고원에 갇힌 다음날 아침 나쁜 일들이 일어나기 시작했다. 나는 아침잠에서 깨어 내 다리를 쳐다보았다. 이 다리 위에 커다란 보랏빛의 포도가 얹혀 있었다. 그 광경을 보고 깜짝 놀라 나는 그것을 떼어 내려고 몸을 앞으로 숙였다. p.150 몹시 두렵게도 그것은 내 엄지손가락

과 집게손가락 사이에서 터지며 사방으로 피가 뿜어져 나왔다. 혐오스러워하는 나의 고함 소리는 교수 두 명을 내 옆으로 데려왔다.

"그거 엄청 흥미롭군! 거대한 흡혈 진드기야. 내가 생각하기로는 아직 분류되지 않은 것 같아."

"우리는 이 동물을 익소데스 말로니라고 불러야겠어. 자네가 물리기는 했지만 자네는 이 생물을 발견한 것으로 영원히 기억될 걸세. 자네가 이 생물을 뭉개 버려서 심히 유감이네!"

"그건 혐오스러워요!" 내가 외쳤다.

챌린저 교수가 숱 많은 눈썹을 치켜세우고 내 어깨에 손을 얹었다.

"자네는 좀 더 과학자답게 생각해야 해." 챌린저 교수가 말했다. "내게는 칼 같은 입과 죽 늘어나는 배를 가진 흡혈 진드기가 공작새만큼 아름다운 자연의 작품으로 보이네. 그것을 모욕하지 말게. 바라건대 우리가 한 마리 더 찾기를."

p.151 "그 점에 대해서는 의심할 여지가 있을 수 없겠소. 방금 한 마리가 당신 셔츠 깃 뒤로 사라졌으니까요." 서멀리 교수가 말했다.

챌린저 교수는 마치 황소처럼 고함을 지르며 공중으로 펄쩍 뛰어 일어나더니 그것을 떼어내려고 외투와 셔츠를 잡아 뜯었다. 서멀리 교수와 나는 웃었다. 마침내 우리가 챌린저 교수의 셔츠를 끌어당겨 벗겼다. 그의 몸은 검은 털로 뒤덮여 있었고 진드기가 그를 물기 전에 우리는 털 속에서 돌아다니고 있는 진드기를 잡아냈다. 주변의 덤불들에는 무시무시한 해충들이 가득했고 우리가 야영지를 옮겨야 한다는 것은 확실했다.

하지만 우선 잠보에게 말할 필요가 있었다. 잠보는 많은 코코아 통조림과 비스킷을 가지고 피라미드 바위에 나타나 그것들을 우리에게 던져 주었다. 잠보는 두 달 동안 그 자신에게 필요한 비품을 충분히 가지고 있으라는 지시를 받았다. p.152 인디언들은 그들의 봉사료와 우리의 편지를 아마존 강으로 도로 가지고 가는 것에 대한 대가로 나머지를 갖게 될 예정이었다. 잠보는 피라미드 바위 기슭에 있는 우리의 작은 천막을 점거하고 그곳에 남았다.

그리고 이제 우리는 어디로 가야 할지 정해야 했다. 우리는 사방이 나무로 빽빽이 둘러싸인 작은 공터로 우리의 야영지를 옮겼다. 우리는 몇 개의 바위 위에 앉아서 여행 계획을 짰다. 새들이 울고 있었지만, 이 소리 말고는 생명체가 살고 있다는 흔적은 아무것도 없었다.

우리는 비품을 꽤 잘 갖추고 있었다. 그 중에서 제일 중요한 것은 우리가 네 자루의 라이플총과 1,300개의 탄약, 또한 산탄총 한 자루를 가지고 있는데 총알은 150개 남짓이었다. 우리에게는 몇 주 동안 견딜 충분한 음식이 있었고 큰 망원경과 돋보기를 포함한 몇 개의 과학 도구들이 있었다. 우리는 모든 물건들을 한데 모았고 몇 그루의 나무들을 베어 요새를 만들었다.

p.153 우리가 우리의 요새를 다 만들었을 때는 정오였다. 고원 위에는 날씨가 아주 덥지는 않았다. 우리는 큰 은행나무 아래에 앉았다. 나무 그늘에서 우리는 의논을 계속했다.

"사람이나 짐승이 우리를 보거나 우리의 소리를 듣지 못하는 한 우리는 안전해요." 록스턴 경이 말했다. "그들이 우리가 여기 있다는 것을 아는 순간부터 우리의 문제가 시작됩니다. 아직까지는 그들이 우리를 찾아냈다는 신호는 없군요."

"하지만 우리는 계속 가야 해요." 내가 말했다.

"물론 그렇기는 하지만 우리 기지에 돌아오지 못할 정도로 너무 멀리 가서는 절대 안 됩니다. 무엇보다 사느냐 죽느냐가 아니라면 절대로 총을 발사해서는 안 됩니다."

"하지만 자네가 어제 총을 쐈잖아." 서멀리 교수가 말했다.

"아, 그것은 어쩔 수 없었어요. 그런데 이곳을 뭐라고 부를까요? p.154 이곳에 이름을 붙이는 것은 우리에게 달린 것 같은데요?"

"이곳은 오직 한 가지 이름만 가질 수 있네." 챌린저 교수가 말했다. "이곳은 메이플 화이트 랜드야."

우리는 몇몇 괴물들을 만날 수도 있다는 것을 알았다. 이 땅에는 또한 사람들이 있을 수도 있었다. 우리의 상황은 분명히 위험이 가득했다. 그러나 우리는 계속해서 탐험을 해야 했다. 그래서 우리는 그곳을 몇 개의 가시덤불로 채워서 우리 요새의 출입문을 막았다. 그리고 우리는 천천히 조심스럽게 작은 강줄기를 따라 미지의 땅으로 들어가는 길에 나섰다.

여행을 하면서 서멀리 교수는 몇 백만 년 전에 멸종한 식물을 알아보았다. 우리는 강물이 넓어지면서 늪지를 형성한 지역에 들어왔다. 키가 큰 갈대들이 바람에 흔들거렸다. 갑자기 먼저 걷고 있던 록스턴 경이 멈춰 섰다.

"이것을 보세요!" 록스턴 경이 말했다. "이것은 분명히 모든 새들의 조상이 남긴 흔적입니다!"

p.155 거대한 세 개의 발가락 자국이 우리 앞에 있는 부드러운 진흙 속에 있었다. 그것이 무엇이든 이 동물은 이 늪지를 건너 숲 속으로 지나갔다. 우리는 모두 그것을 조사하기 위해 멈춰 섰다. 그것의 발은 타조의 발보다 훨씬 컸으므로 키도 엄청날 것이 분명했다. 록스턴 경은 열심히 주위를 둘러보고 총알 두 개를 그의 라이플총에 밀어 넣었다.

"저 자국은 새로 생긴 겁니다. 그 동물이 지나간 지 10분도 안 됐어요. 보십시오, 그 동물한테는 새끼도 있어요!"

분명히 더 작은 발자국도 큰 발자국과 평행하게 달리고 있었다.

"하지만 이것은 어떻게 생각하는가?" 서멀리 교수가 세 개의 발가락 자국 사이에 나타나는 다섯 개의 손가락이 달린 거대한 인간의 손의 손자국처럼 보이는 것을 가리키며 소리쳤다.

p.156 그의 말은 속삭임으로 잦아들었다. 우리는 나무들 안에 있는 입구에 다다랐고 이 안에는 내가 여태껏 본 것 중 가장 예사롭지 않은 다섯 마리의 생물이 있었다.

두 마리의 성체와 세 마리의 새끼가 있었다. 그것들은 크기가 엄청났다. 새끼들조차도 코끼리만큼이나 컸다. 그것들은 회색 피부를 가지고 있었는데 그것은 도마뱀처럼 비늘이 있었고 햇빛이 비치는 곳은 은은하게 빛이 났다. 다섯 마리 모두 폭이 넓고 힘이 센 꼬리와 세 발가락이 달린 커다란 뒷발로 균형을 잡고 앉아 있었다. 다섯 손가락이 있는 작은 앞발로 그들은 먹을 나뭇가지를 끌어내렸다.

우리가 얼마나 오랫동안 그것들을 지켜보며 있었는지 모르겠다. 새끼들은 성체들 주위에서 놀았다. 성체들은 엄청난 힘으로 나무들을 쉽게 쪼갰다. 마침내 한 마리가 숲 속으로 걸어가기 시작했고 짝짓기 상대와 세 마리의 거대한 새끼들도 따라갔다. p.157 그러고 나서 그것들은 우리의 시야에서 사라졌다.

나는 나의 동료들을 바라보았다. 록스턴 경이 그의 라이플총의 방아쇠에 손가락을 걸고 서 있었다. 저 생물들 중 한 마리의 머리를 얻기 위해 그가 내놓지 않을 것이 무엇이으랴! 하지만 록스턴 경은 소리를 내는 것이 현명하지 못하다는 것을 알고 있었다. 두 명의 교수는 손을 잡고 어린 아이들처럼 미소 짓고 있었다.

"영국에서는 이 일에 대해 무슨 말을 할까요?" 서멀리 교수가 말했다.

"친애하는 서멀리 교수, 그들은 당신을 거짓말쟁이라고 부를 거요. 당신과 다른 이들이 나에 대해 말했던 것과 똑같이."

"저 동물들은 뭐였던 겁니까? 록스턴 경이 물었다.

"이구아노돈이오." 서멀리 교수가 말했다. "몇 백만 년 전에 그것들은 영국에서 살았소."

p.158 나는 두려운 마음이 잔뜩 생겼다. 우리가 방금 본 이 괴물 같은 생물들은 누구도 해치지는 않을 테지만, 이 경이로운 세계에 다른 어떤 고대 동물들이 살고 있을지도 모른다는 것이 사실일까? 그것들은 더 위험할 수도 있지 않을까?

우리는 매우 천천히 숲을 지나갔다. 두 걸음을 뗄 때마다 우리 교수들 중 한 명은 어떤 꽃이나 곤충 앞에서 경이로워하며 탄성을 지르곤 했다. 나무들 속에 있는 공터에 다다랐을 때 우리는 2~3마일을 갔을지도 모른다. 우리가 우리 허리 높이보다 더 높은 관목들 사이에 있는 몇몇 바위들 쪽으로 천천히 걸어갔을 때 낮은 휘파람 소리가 들리기 시작했다.

록스턴 경이 우리를 멈춰 세우고 나서 마침내 우리에게 계속 가라는 손짓을 했다. 천천히, 주의 깊게 우리는 바위들을 살펴보았다. 우리가 들여다보고 있는 곳은 구덩이였다. 그곳에는 초록색 물웅덩이가 있었다. 그곳은 익룡들의 서식지였다. 수백 마리의 익룡들이었다. p.159 어미들은 무시무시하게 생긴 새끼들과 노란 알들을 보살피고 있었다. 우리를 역겹게 하는 지독한 냄새가 이곳에서 났다.

하지만 위쪽으로 무시무시한 수컷들이 각각 각자의 돌 위에 자리를 잡고 앉아 있었다. 그것들의 커다란 빨간 눈만 움직였다. 그것들의 거대한 날개는 그들이 낡은 담요를 두른 늙은 여자처럼 보이게 만드는 방식으로 몸을 감싼 채 접혀 있었다.

그때 챌린저 교수가 바위 위로 머리를 불쑥 내밀어서 하마터면 우리 모두에게 파멸을 가져올 뻔했다. 잠시 후 가장 가까이에 있던 수컷이 휘파람 소리 같은 울음을 울더니 날기 시작했다. 암컷들과 새끼들은 물가에서 함께 웅크리고 있었다. 수컷들이 모두 날기 시작했다. 최소한 100마리는 되는 동물들이 갈매기들처럼 날고 있는 것을 보는 것은 멋진 광경이었다. 처음에 그것들은 커다란 원을 그리며 빙글빙글 날았다. 그러더니 점점 더 낮게 날았고 여전히 날카롭게 울었다.

p.160 "숲으로 달려가서 함께 모여 있어요." 록스턴 경이 외쳤다.

우리가 달아나려고 했을 때는 새들의 날개 끄트머리가 거의 우리 얼굴에 닿을 정도였다. 우리는 총으로 그것들을 후려쳤다. 그때 갑자기 그것들은 우리들을 커다란 부리로 쪼기 시작했다. 서멀리 교수의 얼굴에서 피가 나오고 있었다. 그러고 나서 나와 챌린저 교수가 물렸다. 나는 록스턴 경의 라이플총이 발사되는 소리를 들었다. 그 동물들은 놀라서 다시 하늘 높이 날아올랐다.

"도망가시오!" 록스턴 경이 외쳤다.

우리는 숲을 향해 달렸고 그곳에서 우리는 무사했다. 부상을 입고 야영지로 돌아왔을 때 우리는 여전히 그 동물들이 나무 위를 날아다니고 있는 소리를 들을 수 있었다. 하지만 마침내 우리가 더 울창한 숲에 다다랐을 때 그것들은 추격을 포기했고 우리는 더 이상 그들을 보지 못했다.

하지만 우리는 야영지에서 휴식을 취할 수가 없었다. 챌린저 요새의 문은 손대지 않았고 벽은 무너지지 않았지만 요새는 기이하고 힘센 어떤 동물의 방문을 받았던 것이다. p.161 커다란 은행나무 가지가 부러져 있었다. 우리의 비품들은 엉망이 되어 있었다. 고기 몇 덩어리를 도둑질 당했고 도구들 중 일부가 뭉개져 있고 부서졌다. 우리는 피라미드 바위에 있는 잠보를 만났다.

잠보의 얼굴과 충성심은 우리에게 위안을 주고 있었다. 그날 늦게 우리가 휴식을 취하고 있을 때 록스턴 경이 나와 이야기를 하러 왔다.

"그 야수들이 있던 장소를 기억하나?"

"아주 선명히 기억합니다."

"흙은 보았나?"

"푸르스름한 흙이었어요. 진흙처럼 보였죠. 그게 왜요?" 내가 물었다.

"오, 아무것도 아니네." 록스턴 경이 대답했다. 나는 그날 밤 잠자리에 들기 전에 이 말에 대해 더 생각해 보았어야 했다.

이번만은 내가 영웅이었다

p.162 익룡이 문 곳에는 독성 같은 것이 있는 것 같았다. 고원에서 우리의 첫 번째 모험을 하고 맞이한 아침에 서멀리 교수와 나는 둘 다 심한 통증과 열에 시달렸다. 챌린저 교수의 무릎에도 통증이 있었다. 우리는 록스턴 경이 요새를 다시 짓고 더 튼튼하게 만드는 동안 하루 종일 야영지에 머물렀다.

p.163 나는 무언가가 우리를 지켜보고 있다는 아주 강렬한 느낌을 받았다. 챌린저 교수는 내가 그런 것을 보게 만드는 것은 단지 내 열병 때문이라고 나에게 말했다. 나는 쿠루푸리(숲의 무시무시한 정령)에 관한 인디언들의 전설을 생각해 보았다. 나는 이 생물이 우리한테 달라붙어 따라다니고 있는 것을 상상했다.

그날 밤(메이플 화이트 랜드에서 보낸 우리의 세 번째 밤)에 끔찍한 일이 일어났다. 우리가 대단히 소름끼치는 울음소리와 비명을 들었을 때 우리는 모두 불가에서 자고 있었다. 그와 같은 소리는 없다. 그것은 기차의 기적 소리 같았지만 더 굵었으며 심한 고뇌와 고통을 겪고 있었다. 내 심장이 빠르게 뛰었을 때 나는 내 귀를 막고 식은땀을 흘리기 시작했다.

그리고 그때 이 높게 울려 퍼지는 소리 아래에 또 다른 소리가 들렸는데, 낮고 굵은 웃음소리였다. p.164 그것은 마치 그르렁대는 즐거운 악마소리처럼 들렸다. 3~4분 정도 그 소리는 계속되었고 겁먹은 새들은 나무 위로 날아올랐다. 그러고 나서 그 소리가 갑자기 멈췄다. 오랫동안 우리는 공포로 인한 침묵을 지키며 앉아 있었다. 그러고 나서 록스턴 경이 불 위로 장작을 한 묶음 던졌다.

"그것은 뭐였죠?" 내가 속삭였다.

"우리는 아침이면 알게 될 걸세." 록스턴 경이 말했다. "그것은 우리 가까이에 있었어."

"큰 공룡이 작은 공룡을 죽인다는 이야기를 들었어." 챌린저 교수가 어느 때보다도 진지하게 말했다. "인간이 이 생물들이 죽고 난 후 오랫동안 진화해서 다행이지. 화살이나 막대들이 이 괴물들에게 무슨 소용이 있었겠나? 현대의 라이플총조차 별 도움이 안 될 걸세."

"제 라이플총을 의심하지 마세요." 록스턴 경이 자신의 총을 잡으며 말했다.

서멀리 교수가 손을 들었다.

"조용히!" 그가 외쳤다. "무슨 소리가 들립니다."

p.165 우리는 육중한 발바닥이 우리 야영장 주변에서 쿵쿵거리며 다니는 소리를 들었다. 갑자기 그것은 우리 요새 입구에서 멈춰 섰다. 우리는 그 생물이 숨 쉬는 소리를 들었다. 오직 관목들만이 우리를 그 생물로부터 갈라놓고 있었다. 우리들은 각자 총을 움켜잡았다.

"그 놈을 볼 수 있을 것 같아요!" 록스턴 경이 속삭였다.

나는 상체를 굽혀 록스턴 경의 어깨 사이에 난 틈으로 살펴보았다. 그것은 말보다 키가 크지는 않았지만 커다란 근육을 가진 듯했고 힘이 무척 세어 보였다. 그것은 씩씩 소리를 내며 큰 가슴으로 깊게 숨을 몰아쉬었다. 그것이 움직일 때 나는 한 번 두 개의 끔찍한 초록 눈을 보았다. 그것은 마치 앞으로 천천히 기어오고 있는 것 같았다.

"그것이 뛰어오를 것 같아요!" 내가 라이플총을 준비하면서 말했다.

"발사하지 말게!" 록스턴 경이 속삭였다. "다른 동물들이 총소리를 들을 거야."

p.166 "그 녀석이 관목을 넘어오면 우리는 죽은 목숨이요." 서멀리 교수가 신경질적으로 웃으며 말했다.

"안 되죠, 그 녀석이 넘어와서는 안 되고말고요." 록스턴 경이 외쳤다.

록스턴 경은 불가로 가서 불이 붙은 나뭇가지를 집어 들고 재빨리 우리 요새 밖으로 나갔다. 그 짐승은 으르렁대며 앞으로 공격해 왔다. 록스턴 경은 조금도 망설이지 않고 앞으로 달려 나가 불을 그 짐승의 얼굴에 던졌다. 짐승의 얼굴은 마치 혹투성이 두꺼비 같았다. 크고 날카로운 이빨들이 붉은 피로 덮였다. 그 생물은 갑자기 몸을 돌려 불가에서 달아났다.

"저 놈이 불에 맞서지는 않으리라고 생각했어요." 록스턴 경이 웃으며 말했다.

"그런 위험을 무릅써서는 안 되는 거였소!" 우리 모두가 소리쳤다.

"달리 할 수 있는 일이 없었어요. 어쨌든 우리는 괜찮아요. 그런데 그 녀석은 뭐였죠?"

"개인적으로 나는 그 생물을 분류할 수 없소." 서멀리 교수가 모닥불로 담배 파이프에 불을 붙이며 말했다.

p.167 "나는 그저 육식 공룡의 한 형태라고 말할 수밖에 없소." 챌린저 교수가 덧붙였다.

"우리가 이제껏 존재했던 선사 시대의 모든 화석들을 발견한 것이 아니라는 것을 기억해야 하오. 우리가 만나는 모든 생물들에게 이름을 붙여 줄 수 없을지도 모르오."

"어쩌면 내일은 더 많은 증거를 모을 수도 있소. 잠을 좀 자 둡시다."

"우리는 번갈아 가며 불침번을 서야 합니다." 록스턴 경이 말했다.

"내가 먼저 시작하겠네." 서멀리 교수가 말했다.

아침에 우리는 이구아노돈을 발견했던 공터로 갔다. 그 커다란 동물들 중 한 마리가 어떤 사나운 괴물에 의해 발기발기 찢겨 있었다. 우리는 사방에서 그 피 묻은 살덩어리들을 발견할 수 있었다.

p.168 우리의 두 명의 교수는 누가 살인자인지에 대해 논쟁을 벌였다.

"그것은 검 모양의 이빨이 달린 호랑이의 짓으로 보일 수도 있지만 아마 파충류가 한 짓이 분명하오. 내 생각에는 알로사우루스 같소."

"아니면 메갈로사우루스든지요." 서멀리 교수가 말했다.

"몸집이 더 커다란 육식 공룡 중 어느 것이라도 이런 짓을 할 수 있었을 거요." 챌린저 교수는 신경질적으로 웃었다.

"우리는 소리를 많이 내지 않도록 애써야 해요." 록스턴 경이 야단했다. "그런데 저 이구아노돈의 가죽에 있는 이 자국은 무엇인가요?"

우리는 그 생물의 회색 피부에 있는 이상한 검은 자국을 볼 수 있었다. 우리 중 아무도 그것을 이해할 수 없었지만 우리는 새끼들 중 한 마리에게서 비슷한 자국을 본 것이 기억났다. 챌린저 교수는 아무 말도 하지 않았다. 그는 록스턴 경이 조용히 하라고 해서 여전히 모욕감을 느꼈다.

"생각나는 것은 있지만 누가 나한테 조용히 하라고 해서 말이야." 챌린저 교수가 중얼거렸다.

p.169 챌린저 교수는 록스턴 경의 사과를 받고서야 비로소 그의 생각을 공유했다.

"그 자국이 아스팔트에서 생긴 것이라는 서멀리 교수의 말에 동감하오. 이 고원은 고도의 화산 활동이 있는 지역이라 분명히 액체성 아스팔트 타르의 구덩이가 있을 거요. 그보다 훨씬 더 중요한 문제는 어떻게 육식성 괴물들이 내내 이곳에 살 수 있었느냐 하는 것이오. 우리도 알다시피 이 고원은 그리 크지 않소.

이 작은 공간에서 일정한 수의 생물들이 수많은 세월 동안 함께 살아 왔소. 정상적인 조건이라면 이런 작은 공간에서는 육식 동물들은 다른 공룡들을 다 잡아먹었어야 했소. 그러면 전부 다 멸종해 버렸어야 하는 거요.

p.170 우리가 보는 이 상황은 그렇지 않다는 거지. 그러니 무언가가 육식 공룡들을 죽이고 있는 게 분명하니까 그 수가 그렇게 많지 않은 것이오. 장차 우리는 이것을 더 연구할 수 있을지도 모르겠소."

"못 할 수도 있지요." 내가 말했다.

교수는 그저 숱 많은 눈썹만 치켜세웠다. 그러더니 서멀리 교수와 챌린저 교수는 공식과 방정식들을 이용하여 땅의 크기와 공룡의 개체 수에 관한 문제를 토론하기 시작했다.

그날 아침 우리는 익룡이 사는 습지를 피해 고원의 작은 부분을 지도에 정밀하게 표시했고 계속해서 동쪽으로 갔다. 고원의 이 지역은 울창한 숲으로 뒤덮여 있어서 우리는 천천히 걸었다.

우리는 교수가 고대의 것이라고 하는 노란색과 흰색 꽃들 사이를 거닐었다. 많은 지역에서, 땅이 그 꽃들로 완전히 뒤덮여 있었다. 향기는 강렬하다 싶을 정도로 달콤했다. p.171 작은 꿀벌들은 우리 주위의 사방에서 윙윙거렸다. 많은 나무들이 우리가 전에 한 번도 보지 못한 과일들로 뒤덮여 있었다.

우리는 우선 새들이 먹는 것을 본 과일만 먹었다. 밀림에서 우리는 많은 다른 동물들의 발자국들을 보았다. 우리는 더 많은 이구아노돈을 보았고 록스턴 경은 그것들도 또한 옆구리에 검은 자국이 있다고 했다.

우리는 호저, 비늘 덮인 개미핥기, 그리고 멧돼지 같은 작은 동물들도 많이 보았다. 한번은 멀리서 재빨리 움직이는 갈색의 커다란 사슴을 보았다. 그것은 가끔씩 아일랜드 습지에서 발굴되는 고대 아일랜드 엘크만큼이나 몸집이 컸던 것이 틀림없었다. 그날 우리가 야영지로 돌아왔을 때는 모든 것이 멀쩡하게 그대로 있었다.

p.172 그날 저녁 우리는 우리의 현 상황과 앞으로의 계획에 대해 상의를 했다.

"왜 우리가 이 지역 더 깊숙한 곳을 탐험하고 있는 겁니까? 우리는 나가는 길을 찾으려고 애쓰는 데 우리의 모든 시간을 다 쓰고 있어야 한단 말입니다!" 서멀리 교수가 불평했다.

"당신은 부끄럽지 않소?" 챌린저 교수가 책망했다. "과학자로서 당신은 이 새로운 땅을 탐험하는 데 헌신해야 하오. 나는 당신에게 더 나은 것을 기대했소, 서멀리 교수."

"내가 런던에서는 선생이라는 것을 기억하셔야죠. 나는 내 학생들에게 책임이 있소. 이것이 내 상황을 당신과 다르게 만드는 것이오, 챌린저 교수. 아무도 당신이 가르치는 일을 하게 하지는 않잖소."

"당연하오. 진정한 과학자라면 가르치는 일 때문에 연구에 집중을 못해서는 안 되오."

"맥아들 씨는 제가 멋진 이야기를 가지고 돌아가지 않으면 절대 저를 용서하지 않을 거예요. 게다가 우리는 내려갈 수도 없는 것 같군요. 우리가 내려가고 싶어도 말이죠." 내가 덧붙였다.

p.173 "우리 젊은 친구는 지능이 아주 높은 편은 아니지만 상식은 있 군." 챌린저 교수가 말했다. "떠나는 방법에 대해 이야기하는 것은 기운만 빼는 짓이오."

"그 밖의 다른 일을 하는 것이 기운을 낭비하는 것이지요." 서멀리 교수가 파이프를 문 채로 화를 내며 말했다. "우리 임무는 단지 챌린저 교수의 발언이 사실인지 시험하는 것뿐이었소. 우리는 이미 그 발언이 사실이라는 것을 알았소. 그러니 우리 일은 끝난 것이오. 이 지역 전체를 탐험하는 것은 우리에게는 너무 벅찬 일이오. 우리는 이제 떠나서 우리가 이미 찾아낸 것을 잃어버리는 위험을 무릅쓰면 안 되는 것이오. 챌린저 교수가 우리가 여기에 도착하는 길을 찾아 주었소. 이제 우리는 나가는 길을 찾아야 하오."

나는 서멀리 교수의 의견에 동감하기 시작하고 있었다. p.174 챌린저 교수마저 그가 말한 취지를 고려해 보기 시작했다.

"나가는 길에 대해서는 생각해 보지 않았소. 나도 우리가 여기 오래 있으면 안 된다는 것에는 동감하지만 우선 이곳의 지도를 좀 더 만들지 않고는 이곳을 떠날 수가 없소."

서멀리 교수는 눈을 굴렸다.

"우리는 이틀을 종일 탐험에 보냈소." 서멀리 교수가 말했다. "이 숲이 매우 울창하다는 것은 분명하오. 우리가 시야를 더 잘 확보하기 위해서 오를 수 있는 산을 발견하지 못한다면 탐험하는 데 두 달은 걸릴 거요."

갑자기 나는 커다란 은행나무 몸통을 보고서 고무되었다. 그 나무는 아마 다른 모든 나무들보다 키가 큰 것 같았다. 나는 아일랜드에 있던 소싯적부터 나무타기를 잘했다. 나는 다른 사람들에게 이야기했고 그들은 내 생각에 기뻐했다.

"우리 젊은 친구가 우리가 못 오르는 곳을 오를 수 있군." 챌린저 교수가 미소 지으며 말했다.

"해가 떠 있는 시간이 겨우 한 시간밖에 안 남았지만 자네가 수첩을 가지고 간다면 빠르게 그림으로 그려낼 수 있을 거야." 록스턴 경이 말했다. p.175 "내가 첫 번째 가지에 오르는 것을 도와주겠네."

록스턴 경은 내가 첫 번째 큰 가지까지 오르는 것을 도와주었다. 나는 나뭇가지에 내 몸을 감았다. 내 위에 있는 나뭇가지들은 사다리 같았다. 나는 내려다보지 않고 재빨리 나무를 올라갔다. 챌린저 교수의 큰 목소리가 내 아래쪽에서 들렸다. 하지만 나무는 거대했고 위쪽을 봤는데도 내가 오를 일은 끝이 보이지 않았다. 나는 앉아서 휴식을 취할 수 있는 매우 굵은 나뭇가지를 보았다. 나는 이 나뭇가지에 올랐는데 내가 본 것에 놀라고 공포를 느껴 하마터면 나무에서 떨어질 뻔했다.

겨우 2피트 떨어진 곳에 어떤 얼굴이 내 얼굴을 쳐다보고 있었던 것이다. 그 생물은 반대쪽에 숨어 있다가 내가 고개를 돌린 것과 같은 순간에 나를 보려고 고개를 돌렸다. 그것은 원숭이보다는 인간과 더 닮은 얼굴이었다. p.176 그 얼굴은 길고 희었으며 여드름투성이였다. 코는 납작했고 턱은 컸다. 짙은 눈썹 밑의 눈빛은 사나웠다. 그것은 으르렁대더니 날카로운 흰 이빨을 드러냈다. 그것은 나를 싫어하는 것 같았다. 그러더니 그것은 겁을 먹은 것처럼 보였고 펄쩍 뛰어 사라졌다. 나는 그것의 털이 수북한 붉은 몸이 펄쩍 뛰어 사라지는 것을 지켜보았다.

"무슨 일인가?" 저 아래서 록스턴 경이 외쳤다. "뭐가 잘못됐나?"

"보셨어요?" 내가 외쳤다.

"우리는 무슨 소리를 들었어. 그것이 뭐였나?"

나는 너무 놀라서 다시 내려갈까 생각했지만 그렇게 하기에는 너무 창피했다. 나는 다시 용기를 내어 나무에 오르는 것을 계속했다. 올라가는 것은 쉬웠다. 마침내 내 주위의 나뭇잎들이 듬성듬성해지고 나는 내 얼굴에 부는 바람을 느꼈다. 나는 가장 높은 지점까지 오르기로 결심했으므로 내 몸무게를 지탱할 수 있는 나뭇가지가 갈라진 곳에 도착할 때까지 나무를 올랐다. 나는 균형을 잡고 내 주변 지역을 둘러보았다.

p.177 해가 막 지고 있었지만 내가 모든 것을 충분히 볼 수 있을 만큼은 여전히 환했다. 고원은 길이 약 30마일, 폭 20마일의 타원이었다. 사방은 모두 중앙의 큰 호수 쪽으로 경사져 내려갔다. 이 호수는 둘레가 10마일 정도 되었을지도 모르는데, 저녁 햇살에 진한 초록색을 띠었고 아름다웠다. 커다란 앨리게이터처럼 생긴 수많은 짙은 색의 커다란 동물들이 호수 주변에서 휴식을 취했다.

나는 이구아노돈이 사는 곳과 익룡들이 있던 늪지를 볼 수 있었다. 동쪽으로는 숲을 볼 수 있었다. 그러나 이제 나는 고원의 또 다른 쪽에 있는 동굴이 있는 큰 절벽들도 볼 수 있었다. 이 동굴들 가운데 한 곳의 입구에 무언가 흰 것이 은은하게 빛나고 있었지만 나는 그것이 무엇인지 볼 수가 없었다. 나는 해가 저서 너무 어두워질 때까지 앉아서 그 지역의 그림을 그렸다.

p.178 그리고 나서 나는 큰 나무 아래쪽에서 나를 아주 간절히 기다리고 있는 내 동료들에게 내려갔다. 이번만은 내가 영웅이었다. 혼자서 그 생각을 해냈고 혼자서 그 일을 해냈던 것이다. 내 동료들은 각자 나와 악수를 했다.

하지만 그들이 내 지도의 세세한 부분에 대해 의논하기 전에 나는 그 유인원 인간에 대해 그들에게 이야기해야 했다.

"그가 내내 그곳에 있었어요." 내가 말했다.

"자네가 그것을 어떻게 알지?" 록스턴 경이 물었다.

"내내 누군가가 우리를 지켜보고 있다는 느낌을 받았어요."

"지금 토론하기에는 너무 거창한 내용이군." 챌린지 교수가 말했다. "말해 보게. 그 동물의 손을 보았나? 그 동물이 엄지손가락을 접어 손바닥을 가로지르게 할 수 있었나?" 챌린지 교수는 학교 선생님처럼 질문을 했다.

p.179 "아니요."

"꼬리가 있었나?"

"아니요."

"발로 물건을 잡을 수 있었나?"

"그것이 발로 가지를 잡을 수 없다면 그렇게 빨리 나무를 오르지 못했을 거라고 생각해요."

"남미에는 36종의 원숭이가 있지만 유인원은 하나도 없어. 하지만 그가 아프리카에서만 볼 수 있는 털이 수북한 고릴라나 침팬지와는 다른 것이 분명해."

나는 털북숭이 교수를 보았을 때 영국에도 몇 마리가 있을지 모른다고 생각했다.

"이것은 털이 덜 있는 종류이고 그는 대부분의 시간을 나무에서 보내지. 하지만 그것은 유인원에 가까운가 아니면 인간에 가까운가? 그는 우리의 진화 과정에서 잃어버린 고리인가?"

p.180 "그것은 잃어버린 고리가 아니오." 서멀리 교수가 말했다. "이제 말론 군의 똑똑한 머리와 행동으로 우리는 우리의 지도를 가지고 있소. 이제 이 끔찍한 곳에서 나가는 길을 찾아봅시다."

"우리는 문명의 시작을 찾았을 수도 있소." 챌린저 교수가 끄응 소리를 냈다.

"우리는 본 것을 기록해 놓고 더 이상의 탐험은 다른 사람들 몫으로 남겨두어야 하오. 당신들 모두 말론 군이 우리에게 지도를 가져다주기 전에 이것에 동의했잖소."

"그래요, 우리 친구들이 우리가 본 것에 대해 안다는 것을 내가 알게 되자마자 내 기분은 나아질 것 같소. 이곳에서 어떻게 나갈지는 아직 모르겠지만 아직까지 내 명석한 두뇌가 해결하지 못한 문제는 찾은 적이 없소."

그러나 그날 저녁에 모닥불과 한 자루의 초에서 나온 불빛으로 나는 챌린저 교수와 내 지도에 자세한 내용과 이름을 덧붙이기 시작했다. 챌린저 교수의 연필은 호수를 표시한 큰 여백 위에서 대기했다.

"우리 그곳을 뭐라고 부를까?" 그가 물었다.

"당신 이름을 따서 이름을 붙이고 싶지는 않소?" 서멀리 교수가 빈정대며 말했다.

"멍청이들이라면 누구나 산이나 강에 자기 이름을 붙여서 아무 가치도 없는 기억을 물려줄 수 있겠지요."

"그 호수에 이름을 붙이는 것은 자네한테 달려 있네, 젊은 친구." 록스턴 경이 말했다. "자네가 처음 봤으니까 원한다면 말론 호수라고 부를 수 있어."

"우리 젊은 친구께서 그것에 이름을 붙여 주게." 챌린저 교수가 말했다.

"그럼 그곳을 글래디스 호수라고 이름 붙일게요." 내가 얼굴을 붉히며 대답했다.

"중앙 호수가 낫지 않겠어?" 서멀리 교수가 말했다.

"글래디스 호수가 더 좋아요."

챌린저 교수가 나를 보고 그의 커다란 손을 흔들었다. "사내들이란 어쩔 수 없구먼." 그가 말했다. "글래디스 호수로 하지."

숲 속은 무시무시했다

나는 자부심으로 열이 오르고 있었다. 내가 여러 가지 면에서 다른 모든 사람들보다 어렸지만 마침내 무언가 대단한 것을 해낸 것이다. 하지만 자부심은 위험한 것이다. 내 자부심은 나를 그날 밤 내 일생에서 가장 끔찍한 경험으로 이끌 것이고 내가 그 일을 생각할 때면 속이 메스꺼워지는 충격적인 일로 끝났다.

p.184 그 일은 이런 식으로 우연히 찾아왔다. 나는 너무 흥분해서 잠을 잘 수가 없었다. 서멀리 교수는 그날 밤 라이플총을 들고 보초를 서고 있었다. 록스턴 경과 챌린저 교수는 잠을 자고 있었다. 보름달은 밝게 빛나고 있었고 공기는 상쾌한 느낌이 들 정도로 차가웠다. 산책하기에 딱 좋은 밤이었다! 나 혼자 호수에 조용히 가서 중요한 것을 전부 기록해 놓으면 어떨까?

그러면 우리는 런던으로 돌아갈 수 있고 나는 굉장한 발견을 한 사람으로 기억될 것이었다. 나는 글래디스 생각을 했다. 그녀가 마침내 나를 자랑스러워하겠지? 나는 맥아들 씨 생각도 했다. 그것은 우리 신문을 위한 멋진 기사가 될 것이다! 내 경력은 대단해질 것이다! 그들은 다음번 큰 전쟁에 대한 기사를 다루도록 나를 파견할지도 모른다. 나는 총 한 자루와 총알을 몇 개 집었다. 그리고 나서 나는 조용히 빠져나왔다. 우리의 보초 서멀리 교수는 잠들어 있었다.

p.185 100야드쯤 걷고 나서 나는 내 선택을 후회했다. 하지만 겁쟁이로 보일까 하는 두려운 마음이 나를 계속 걷게 했다. 내 동료들이 내가 길을 나섰다가 돌아온 것을 모른다고 할지라도 나는 수치심을 느낄 것이다. 나는 두려움으로 떨며 계속 걸었다.

숲 속은 무시무시했다. 나무가 너무 울창하게 자라서 나는 달빛을 볼 수 없었다. 다른 곳들보다 캄캄한 한 뙈기의 땅이 숲에 있었다. 나는 그곳을 지나갈 때 마음속에 공포심이 가득했다. 나는 고통스러운 이구아노돈의 울음소리를 생각했다. 나는 또한 우리를 공격하려고 했던 괴물도 생각했다. 지금 막 나는 그들의 사냥터에 있었다. 아무 때나 그것이 튀어나와 나를 공격할 수도 있다!

또 다시 나는 야영지로 돌아가야 할 것 같은 기분이 들었다. 하지만 나는 실패할 수 없었고 실패해서도 안 되었다. p.186 돌아가서 산탄총을 가지고 올까? 내가 내 무기를 바꾸러 야영지로 돌아가면 다른 사람들이 아마 나를 보게 될 것이다. 조금 망설인 후에 나는 계속 갔다.

나는 우리가 이구아노돈을 보았던 공터까지 갔다. 덤불 속에 숨어서 나는 밖을 내다보았다. 공룡은 한 마리도 볼 수 없었다. 안개 짙은 은빛 밤에 나는 어떤 생물의 흔적도 볼 수 없었다. 나는 마침내 공터를 달려 건너가 작은 시내를 따라 계속 갔다. 그 시내는 내가 어렸을 적에 들어가서 놀던 시내를 연상시켰다. 내가 그 시내를 따라 내려가기만 하면 나는 그 호수에 이를 것이고 내가 그것을 따라 돌아가기만 하면 야영지로 갈 것임이 분명했다.

숲 속의 나무들이 듬성듬성해지기 시작했고 식물들은 높이가 낮아졌다. 나는 앞으로 잘 나아갈 수 있었고 그 식물들 뒤에서 들키지 않고 볼 수 있었다. 나는 익룡이 사는 습지 가까운 곳을 지나갔다. 나는 달을 올려다보았고 익룡 한 마리가 날아갔다. p.187 그것은 흰 달빛을 받으며 날아다니는 해골처럼 보였다. 나는 덤불 속에 숨어 그 생물이 더 이상 보이지 않을 때까지 잠자코 있었다. 그런 다음 나는 계속 걸었다.

그날 밤은 작게 거품이 부글부글 이는 소리가 나는 것만 제외하면 고요했다. 내가 걸어갈수록 이 소리는 점점 커졌다. 그것은 끓는 주전자 아니면 부글부글 끓고 있는 큰 냄비 소리 같았다. 곧 나는 그 소리의 발단지로 가게 되었다. 그것은 검은 액체가 뜨겁게 부글부글 끓고 있는 웅덩이였다. 그 웅덩이 위의 공기는 열기로 은은한 빛이 났고 주변의 땅은 너무 뜨거워서 만질 수가 없었다. 이 지역이 여전히 화산 지역이라는 것은 명백했다. 나는 추가로 그것을 조사할 시간이 없었다. 아침에 다시 야영지로 돌아가고 싶다면 서둘러야 했기 때문이었다.

나는 숲 속 공터로 왔을 때 그늘 속에 숨었다. 밀림에서 나는 천천히 걸었다. 나는 덤불 속에서 무언가가 움직이는 소리를 들을 때마다 움직이는 것을 멈췄다. p.188 커다랗고 말없는 그림자들이 나를 쫓아오는 것 같았다. 나는 종종 돌아가야겠다는 생각을 했지만 내 자존심이 공포심보다 더 컸다.

마침내 (내 시계는 새벽 1시를 가리켰다) 나는 밀림의 공터들을 통과하여 흐르는 물을 보았다. 10분 후 나는 중앙 호수의 경계 부분에 와 있었다. 나는 호수의 물을 조금 마셨는데, 그것은 신선하고 차가웠다. 나는 큰 바위에 올랐고 사방으로 멋진 풍경을 보았다.

내가 처음 본 것은 나를 놀라움으로 가득 채웠다. 나는 동굴 안에서 나오는 불빛을 보았다. 나는 그것이 용암이거나 다른 화산 활동일지도 모른다고 생각했지만 그것은 불가능해 보였다. 그것은 어떤 지능 있는 동물이 켜 놓은 불인 것이 틀림없었다. 고원 위에 인간이 있었던 것이다. 이제 나는 굉장한 것을 발견했다! 우리가 런던으로 가지고 돌아갈 뉴스가 여기 있는 것이다!

p.189 오랫동안 나는 누워서 이 붉은 불빛을 바라보았다. 나는 그 빛이 나에게서 10마일 떨어져 있다고 추측했다. 나는 그 불빛 앞에서 움직이는 사람들을 볼 수 있을 것이라고 생각했다. 나는 어떤 부류의 사람들이 그곳에 사는지 더 가까이 가서 볼 수 있기를 바랐다. 하지만 혼자 그곳에 갈 수 있는 방법은 없었다.

글래디스 호수는 내 앞에서 은빛으로 반짝이고 있었다. 그것은 얕았다. 사방으로 물고기들과 다른 생물들이 호수 속에서 헤엄쳤다. 한 번은 재바르지 못한 몸과 높고 유연한 모가지를 가진 커다란 백조 같은 동물을 보았다. 그것은 물속으로 뛰어들어 잠수해 들어갔다.

큰 아르마딜로 같은 두 마리의 생물이 호수 가장자리로 내려왔고 물을 마시고 있었다. 왕처럼 보이는 커다란 사슴이 암사슴과 새끼들과 함께 내려와서 물을 마셨다. p.190 그것은 내가 여태껏 본 것 중 가장 큰 사슴이었다. 갑자기 그것이 소리를 냈고 사슴 가족 전체가 숨으려고 숲으로 돌아갔다. 새로 온 아주 괴물 같은 짐승이 길을 내려오고 있었다.

그것은 스테고사우루스였다! 저것이 메이플 화이트가 보았던 것과 같은 놈일까? 땅이 그것의 육중한 무게에 흔들렸고 스테고사우루스는 물을 마시기 위해 멈춰 섰다. 5분 동안 그 녀석은 내가 있는 바위에서 너무 가까이 있어서 나는 그 녀석의 등을 만질 수 있을 정도였다. 그러더니 그 녀석은 쿵쿵거리며 사라졌다.

내 손목시계를 보고 나는 2시 30분임을 알았는데, 이제 야영지로 돌아갈 시간이었다. 내가 다시 시내를 찾는 것은 쉬웠다. 시내를 발견하고 걷기 시작할 때 나는 기분이 좋았다. 나는 내 동료들에게 동굴에 피워진 불이며 호수에서 본 그 모든 멋진 동물들에 대해 이야기해 줄 수 있으리라.

p.191 내가 모든 일에 대해 깊이 생각해 보고 있던 바로 그때 나는 내 뒤에서 나는 이상한 소리를 들었다. 그것은 낮고 굵게 으르렁대는 소리였다. 어떤 이상한 생물이 나와 가까운 곳에 있었으므로 나는 더 빨리 이동하기 시작했다. 갑자기 그 소리가 난 것이 내가 반마일쯤 걸었을 때였다. 내 심장은 내 몸속에서 가만히 서 버렸다. 나는 불 속의 그 끔찍한 야수의 얼굴이 기억났다. 무릎을 덜덜 떨면서 나는 주위를 둘러보았다. 나는 그저 그림자와 은색의 달빛만 볼 수 있을 뿐이었다. 나는 다시 그 으르렁거리는 소리를 들었다.

그러다가 갑자기 나는 그것을 보았다. 덤불 사이에서 움직임이 있었다. 커다란 어두운 그림자가 밝은 달빛 속으로 폴짝폴짝 뛰어나왔다. 그 짐승은 캥거루처럼 강한 뒷다리로 서서 움직였다. 그것은 코끼리처럼 크기가 거대하고 막대한 힘을 가지고 있었지만 더 빨리 움직였다. p.192 그 짐승은 커다란 두꺼비 같은 얼굴을 가지고 있었다. 그것의 사나운 울음소리는 내게 그 녀석이 육식을 하는 괴물들 중 하나라는 것을 알려 주었다. 그 녀석은 코를 땅 쪽으로 향한 채 뛰었다. 그 녀석은 내 흔적을 냄새 맡고 있었다.

내가 무엇을 할 수 있었을까? 내 쓸모없는 새총이 내 손에 들려 있었다. 내 주변의 나무들은 너무 낮았다. 그 나무들을 오르면 그 녀석은 그 나무들을 그냥 쓰러뜨려 버릴 것이었다. 내가 할 수 있는 것이라고는 가능한 한 빨리 달아나는 것이었다. 나는 내 총을 던지고 계속해서 달렸다. 내 몸은 터질 것만 같았다. 마침내 나는 쉬려고 멈춰 섰다. 갑자기 나는 내 뒤에서 나는 그것의 발소리를 다시 들었다.

그 녀석은 펄쩍 뛰어 모퉁이를 돌아왔다. 달빛이 그 녀석의 커다란 눈과 벌린 입 속에 줄지어 있는 거대한 이빨들을 비추었다. 겁에 질려 비명을 지르며 나는 돌아서서 미친 듯이 길을 달려 내려갔다. 나는 내 등에 닿는 그 녀석의 감촉을 느낄 거라고 예상했다. 그러고 나서 나는 어떤 공간으로 떨어지고 있었고 모든 것이 깜깜했다.

p.193 깨어났을 때 나는 무언가 지독한 냄새를 맡았다. 내 손 밑에서 나는 큰 고깃덩이들과 뼈들을 느꼈다. 위를 올려다보고 나는 내가 깊은 구덩이 밑바닥에 누워 있다는 것을 알았다. 나는 천천히 일어났다. 온몸이 쑤셨지만 내 몸의 어느 곳도 부러지지는 않았다. 나는 그 괴물을 보게 될 거라고 예상했지만 그 녀석은 가고 없었다. 나는 위쪽에서도 아무 소리를 들을 수 없었다. 나는 천천히 주변을 걸어 다니기 시작했다.

썩어 가는 고기가 사방에 있었다. 나는 갑자기 무언가 딱딱한 것에 부딪쳤다. 그것은 기름칠을 한 아주 긴 나무 막대였다. 나는 내 주머니에 성냥이 좀 있다는 것이 기억났다. 나는 성냥개비 하나에 불을 붙이고 주위를 둘러보았다. 그것은 덫이었고, 사람의 손으로 만들어진 것이었다. 중앙의 기둥은 9피트쯤 되는 길이였고 위쪽 끝은 날카롭게 깎여 있었다. 오래된 핏자국이 그 위에서 동물들이 죽었다는 것을 보여 주었다. p.194 챌린저 교수는 어떤 사람도 이곳에서 살 수 없다고 생각했다.

이제 사람들이 어떻게 사는지는 명확했다. 사람들은 동굴에서 살았고,

그곳은 공룡들이 들어오기에는 너무 좁았다. 그리고 나서 그들은 고원의 다른 지역에 커다란 짐승들을 잡는 데 쓸 덫을 만들었다.

나는 쉽게 그 구덩이에서 올라올 수 있었지만 나는 그 짐승이 나를 기다리고 있지 않기를 바라며 몇 분 더 기다렸다. 그러나 나는 공룡이 매우 작은 뇌를 가지고 있다고 교수가 해 주었던 말이 기억났다. 그 괴물은 너무 멍청해서 나를 기다리지는 않을 것이었다.

또한 내가 나오기를 기다리기보다는 그냥 먹을 만한 다른 동물을 찾는 것이 더 쉬울 것이었다. 나는 구덩이의 가장자리로 올라가 둘러보았다. 별들이 사라지고 있고 해가 뜨고 있었다. 나는 나의 적 가운데 누구도 보지 못했고 아무 소리도 듣지 못했다. 나는 천천히 기어 나와서 잠시 땅 위에 앉아 있었다. p.195 마침내 나는 다시 일어나 걷기 시작할 용기를 냈다. 나는 내 총을 다시 찾은 다음 귀가했다.

그런데 갑자기 라이플총이 한 방 발사되는 소리를 들었다. 나는 잠깐 멈춰 서서 귀를 기울였지만 더 이상의 소리는 나지 않았다. 그들이 위험에 처한 것일까 아니면 내가 귀가하는 길을 찾는 것을 도와주려고 총을 쏘고 있는 것일까? 나는 되도록 빨리 귀가해야 했다.

나는 내 앞에 있는 챌린저 요새를 보고 기뻐서 소리를 질렀다. 아무도 내 외침에 대답하지 않았다. 무슨 일이 일어났던 것일까? 나는 달리기 시작했다. 나는 요새로 들어갔다. 우리의 비품들이 엉망이 되어 있었다. 내 동료들은 사라졌다. 피 웅덩이가 초록색 잔디 속에 있었다.

나는 너무 아연실색하여 잠시 정신을 못 차렸다. 나는 숲으로 달려가 미친 듯이 그들을 부르기 시작했다. 나는 너무나 외롭고 절박했다. p.196 동료들이 없다면 나는 어떻게 해야 할까? 그들이 없다면 나는 암흑 속에 있는 무기력하고 힘없는 어린아이나 마찬가지였다. 나는 어느 쪽으로 방향을 틀어야 할지 또는 무엇을 먼저 해야 할지 알 수 없었다.

얼마 동안 나는 혼란을 느끼며 앉아 있었다. 그리고 나서 나는 내 동료들에게 무슨 일이 일어났는지 알아내기로 결심했다. 증거는 그들이 빠르게 공격당한 것이 분명하다는 것을 암시했다. 록스턴 경의 라이플총만 발사되었다. 다른 총들은 여전히 총알이 꽉 차 있었는데 그것은 교수들이 분명 잠들어 있었음을 의미했다. 이미 개봉된 음식 통조림만 사라졌다. 그럼 그들은 동물들이지 사람들은 아닐 것이다. 사람이라면 모든 것을 가져갔을 것이다.

하지만 그들이 동물들이라면 왜 여기서 그냥 내 동료들을 죽여 버리지 않았을까? 왜 그들은 그들을 데리고 간 것일까? 혼란스럽고 지친 머리로 그것에 대해 생각해 내려고 하면 할수록 나는 더 답을 찾을 수가 없었다. 나는 숲 주변을 수색했지만 나를 도와줄 수 있는 흔적을 볼 수가 없었다. p.197 나는 1시간을 헤매고 다녔다.

그때 잠보가 피라미드 바위에서 기다리고 있다는 것이 생각났다. 나는 고원 가장자리로 가서 살펴보았다. 나는 잠보가 피라미드 바위 밑에서 자고 있는 것을 보았다. 하지만 나는 그곳에서 또한 두 번째 남자를 보았다. 내 동료 중 한 사람일까? 아니었다. 그는 인디언이었다. 나는 큰 소리로 외쳤다. 잠보가 올려다보고 피라미드 바위 위로 올라왔다. 나는 잠보에게 내 이야기를 해 주었다.

"악마가 그들을 잡아간 것이 분명해요. 제 충고를 받아들이세요, 말론 나리, 그리고 빨리 내려오세요."

"내가 어떻게 내려갈 수 있을까, 잠보?"

"밧줄을 달라고 하세요, 말론 나리."

"누구에게 부탁하면 돼, 그리고 어디서?"

"인디언 마을에 가서 부탁하세요. 아래쪽에 인디언이 있어요. 그를 보내세요."

"그는 누구지?"

"우리 인디언 중 한 명이에요. 다른 이들이 그를 때리고 그의 보수를 빼앗아갔어요. p.198 그는 우리에게 돌아왔지요. 그가 밧줄을 가지고 오거나 편지를 가지고 가 줄 거예요."

나는 편지 세 통을 인디언 남자에게 들려 보냈다. 나는 또한 그에게 밧줄을 살 돈도 주었다. 맥아들 편집장님, 이 편지가 편집장님한테 도착하기를 바랍니다. 희망을 갖고 저는 제 친구들을 찾겠어요.

내가 절대 못 잊을 광경

p.199 나는 해가 질 때 그 인디언이 숲 속으로 떠나는 것을 지켜보았다. 내가 마침내 우리 야영지로 돌아왔을 때는 날이 꽤 어두웠다. 우리 몸이 죽어 없어지더라도 우리 이름은 남아 있을지도 모른다고 생각하니 내

기분이 조금 나아졌다.

나는 우리의 요새에서 잠들기가 두려웠다. 나는 나무에서 잘까 생각했지만 내 몸무게를 지탱해 줄 만큼 튼튼한 나뭇가지가 없었다. p.200 마침내 나는 그냥 요새에서 잠이 들었다. 아침 일찍 나는 내 팔 위에 손이 얹히는 것을 느꼈다. 나는 벌떡 일어났고 기뻐서 소리를 질렀다. 차가운 회색빛 속에서 록스턴 경이 내 옆에 무릎을 꿇고 있었다.

록스턴 경은 창백하고 광기 어린 눈을 하고서 멀리서 빠르게 달려온 사람이 숨을 쉬듯 헐떡이고 있었다. 그의 얼굴은 긁혀서 피가 났고 옷은 누더기가 되어 몸에 걸려 있을 뿐이었으며 모자는 사라지고 없었다. 나는 놀라서 쳐다보았다. 그는 우리 비품들을 전부 모으고 있었다.

"어서, 전부 다 모으게! 말을 하거나 생각할 시간이 없어. 빨리 움직이게. 그렇지 않으면 우리는 죽어!"

여전히 잠이 덜 깬 채로 나는 비품들을 옮기는 동안 그를 따라갔다. 우리는 덤불과 가시 있는 관목들을 헤치며 달렸고 그제야 마침내 록스턴 경은 나를 커다란 관목 뒤로 나를 끌고 내려갔다.

"거기 있게! 내 생각에 우리는 여기 있으면 안전할 것 같아. 그들이 우리 야영지로 먼저 갈 거야. 그것이 그들이 처음으로 생각해 내는 것이겠지."

p.201 "교수님들은 어디에 계시죠? 그리고 우리를 쫓아오는 게 누구인데요?"

"유인원 인간들." 록스턴 경이 외쳤다. "소리 내지 말게. 그들은 긴 귀와 날카로운 눈을 가지고 있거든. 하지만 우리 냄새를 맡지는 못하는 것 같아. 자네는 어디에 있었지?"

나는 몇 문장으로 내가 한 일을 속삭였다.

"그랬군, 그거 굉장한 모험이로군. 그런데 나는 이런 사람들은 만난 적이 없어."

"어쩌다 그런 일이 벌어진 거예요?" 내가 물었다.

"이른 아침이었어. 교수님들은 그냥 산책을 하고 계셨지. 갑자기 유인원들이 비처럼 우리에게 쏟아졌어. 그들은 전광석화와 같이 내려왔고. 나는 그들 중 한 명의 배를 총으로 쏘아 관통시켰지만 그들이 재빨리 우리를 사로잡았어. 내가 그들을 유인원이라고 부르지만 그들은 손에 막대기와 돌을 들고 다녔고 서로 이야기도 했어. p.202 그들은 우리 손을 덩굴로 묶었지. 그들은 우둔한 동물이 아니라 사람들 같았어. 그들은 부상당한 동료를 옮기고 나서 우리 주변에 앉았지.

그들은 몸집은 사람만 하고 힘은 더 셌어. 그들은 붉은 머리카락 아래에 이상하게 생긴 회색 눈을 가지고 있었어. 챌린저 교수님이 가까스로 일어나셨어. 그분은 유인원들에게 소리치기 시작하셨지."

"음, 그들은 어떻게 했어요?" 내가 물었다. 록스턴 경은 숲 속을 둘러보고 나서 이야기를 계속했다.

"나는 그들이 우리를 죽일 거라고 생각했어. 하지만 그때 웃긴 일이 일어났지. 그들의 대장이 챌린저 교수님 옆에 섰던 거야! 그는 붉은 머리의 챌린저 교수님처럼 보였지. 그는 키가 작은 체구에 넓은 어깨를 하고 둥근 가슴을 가지고 있는 데다 목은 없고 숱 많은 붉은 수염을 기르고 있었네. 그 유인원 인간은 챌린저 교수님과 눈빛까지도 똑같았다니까. 그 유인원 인간이 챌린저 교수님의 어깨에 손을 얹었어. 서멀리 교수님은 눈물이 나도록 웃으셨지.

p.203 유인원 인간도 따라 웃더니 우리를 숲으로 끌고 갔지. 그들은 총이나 물건들은 건드리려고 하지도 않았지만 우리가 풀어 놓았던 음식들을 전부 가져갔어. 그들은 서멀리 교수님이나 나에 대해서는 신경도 안 썼어. 하지만 챌린저 교수님은 괜찮으셨어. 그 놈들 네 명이 챌린저 교수님을 어깨 위로 높이 들어 날랐고 그분은 로마 황제처럼 가셨거든. 저 소리는 뭐지?"

그것은 멀리서 들리는 딸깍거리는 이상한 소리였다.

"그들이야! 총을 장전하게, 젊은 친구. 그들은 우리를 생포하지 않을 거야. 지금 그들 소리가 들리나?"

"그들은 아주 멀리 있어요."

"그들은 틀림없이 우리를 찾아 온 숲을 뒤지고 있을 거야. 그래, 내가 내 이야기를 자네한테 해 주고 있던 중이었지? 그들은 곧 우리를 그들의 마을 중 이 마을로 데려갔어. 나뭇가지로 만든 많은 오두막이 있었지. 그곳은 여기서 3~4마일쯤 떨어진 곳이네. p.204 그 불결한 짐승들이 내 온몸을 만져서 나는 다시는 깨끗해질 수 없는 것 같은 느낌이 드네. 그들은 우리를 나무 아래쪽에 거꾸로 매달아 묶어 놓았고 그들 중 한 녀석이 손에 방망이를 쥐고 우리를 지켰지. 내가 '우리'라고 할 때는 서멀리 교수님과 나를 의미하는 거라네. 챌린저 교수님은 나무 위에 올라가 파인애플을 먹으면서 인생의 전성기를 보내고 계셨거든.

챌린저 교수님은 우리에게 과일을 좀 주시고 우리를 풀어주셨어. 교수님이 자기 쌍둥이 형제랑 노래하고 웃는 것을 보았다면 자네도 웃었을 거야. 그들은 챌린저 교수님이 무엇을 해도 내버려두었지만 서멀리 교수님과 나는 아니었어. 그들은 우리를 계속 지켜봤네. 우리는 자네가 잡히지 않은 것이 기뻤어.

이제 가장 놀라운 일이 있네. 우리는 자네가 보았다는, 불을 피운 인간들을 보았어. 그 인간들은 고원의 한쪽에 동굴을 소유하고 살고 이 유인원 인간들은 이쪽에 사는 것 같아. 그들 사이에는 항상 피비린내 나는 전쟁이 있고 말이야. p.205 글쎄, 어제 그 유인원 인간들이 12명의 인간들을 잡아서 그들을 죄수로 데려왔어.

유인원 인간들은 그 인간들을 보았을 때 소리를 질렀어. 그들은 인간들을 물어뜯고 그들의 팔과 다리를 잡아당기기 시작했어. 그 일을 지켜보는 것은 우리를 메스껍게 했지. 서멀리 교수님은 기절하셨고 챌린저 교수님마저도 속이 안 좋은 것처럼 보였어. 이제 그들이 가 버린 것 같은데, 그렇지 않나?"

우리는 귀를 기울였지만 새 소리만 들릴 뿐이었다. 록스턴 경은 이야기를 이어나갔다.

"자네는 운이 좋은 거야. 그들이 저 인디언들을 잡지 않았더라면 그들은 여전히 자네를 찾고 있을 걸세. 그들은 우리 중 한 명이 사라졌다는 것을 알고 있었어. 그 모든 일이 얼마나 악몽 같은가! 자네, 우리가 죽은 미국인을 발견한 대나무 창을 기억하나? 글쎄, 그게 그 유인원 마을 바로 아래에 있었어. p.206 그곳이 바로 그들이 그들의 죄수들을 던지는 곳이었어. 그들은 대대적인 의식을 해. 그러고 나서 그들은 죄수들을 한 명씩 뛰어내리게 하더라고. 그 놈들이 죄수들이 창 위로 떨어지는지 아닌지 보는 거야. 그들은 그것을 구경하도록 우리를 밖으로 데리고 나갔고 부족 전체가 구덩이 가장자리에 줄 늘어섰어.

인디언 네 명이 뛰어내렸고 막대기는 뜨개질바늘이 버터를 통과하듯 인디언들을 통과했지. 그것은 소름 끼쳤지만 우리 또한 모두 매혹 당했지. 그들은 그날 늦게 죽을 운명의 인디언 여섯 명을 데리고 있었어. 서멀리 교수님과 나는 곧 우리 차례가 올 것임을 깨달았어. 그들의 언어는 반 이상이 몸짓이었지만 알아듣기 어렵지는 않았지.

그래서 나는 우리가 되도록 빨리 도망쳐야 한다고 생각했네. 나는 이미 계획을 생각해 두고 있었어. 교수님들은 도움이 안 됐네. 그분들이 하는 일이라곤 그 유인원 인간들이 어떤 존재인지에 대해 논쟁하는 것뿐이었거든. 한 분은 그것이 자바의 드리오피테쿠스라고 하셨고 또 한 분은 피테칸트로푸스라고 하셨지. p.207 그분들은 제정신이 아니라니까!

하지만 그분들은 몇 가지 유용한 이야기도 하셨어. 하나는 이 괴물들이 탁 트인 곳에서는 인간만큼 빨리 달리지 못한다는 거야. 그들은 다리가 짧고 몸이 무겁거든. 챌린저 교수님마저도 그들보다 더 빨리 달리실 수 있을 정도니까. 또 하나 중요한 것은 그들이 총에 대해 아무것도 모른다는 거였어. 내가 총으로 쏜 놈이 어쩌다 다쳤는지 그들이 알고 있다는 생각이 들지 않거든. 우리가 총이 있는 곳에 갈 수만 있다면 기회가 있을 수도 있었던 거지.

그래서 나는 오늘 아침 보초의 배를 걷어차고 도망쳤네. 그러고 나서 자네와 총이 있는 곳에 갔고 지금 우리가 여기에 있는 거네."

"하지만 교수님들은 어떡해요!" 내가 외쳤다.

"그러니까 우리가 이제 당장 돌아가서 그분들을 데려와야 하네. 나는 그분들을 데려올 수가 없었어. 챌린저 교수님은 나무 위에 계셨고 서멀리 교수님은 힘이 없으셨지. 유일한 기회는 총을 가져가서 구출을 시도하는 거였어. p.208 그들이 벌써 교수님들을 죽였을지도 몰라. 하지만 우리는 교수님들을 구하려고 애써 봐야 하네. 도울 건지 말 건지는 자네가 결정하면 되네."

록스턴 경은 타고난 지도자였다. 그의 말은 더 빨라졌다. 그의 차가운 눈에는 생기가 돌았다. 위험을 사랑하는 그의 마음, 그러니까 모험 드라마에 대한 격렬한 인식이 그에게 이제 힘을 주었다. 교수들에 대해 걱정하지 않았더라면 이런 남자와 모험을 하는 것은 즐거운 일이었으리라. 우리가 일어난 바로 그때 나는 갑자기 내 팔을 강하게 움켜쥐는 손길을 느꼈다.

"여기로 그들이 오네!"

우리는 숨어서 유인원 인간들이 우리를 지나치는 것을 보았다. 그들은 몸을 구부리고 걸었다. 그들의 키는 5피트 정도였고 긴 팔과 거대한 가슴을 가지고 있었다. 그들 중 많은 수가 막대기를 가지고 다녔으며 멀리서 보면 한 줄로 선 털북숭이의 기형 인간들처럼 보였다. 마침내 그들이 지나갔다.

p.209 "그들이 수색을 멈출 때까지 기다리세. 그런 다음 그들의 마을로 돌아가세."

우리는 음식 통조림 중 한 개를 열어서 아침을 만들며 시간을 때웠다. 식사를 하고 난 후 우리는 유인원 마을로 움직이기 시작했다.

"우리가 나무가 울창한 곳에 있는 한 그들은 우리보다 강해." 록스턴 경이 말했다. "그들은 우리를 볼 수 있고 우리는 그들을 볼 수 없으니까. 하지만 탁 트인 곳에서는 상황이 다르지. 그곳에서는 우리가 그들보다 빨리 움직일 수 있어. 그러니 우리는 할 수 있는 한 탁 트인 곳을 고수해야 하네. 고원 가장자리는 먼 내륙보다 큰 나무가 적게 있지. 그러니 그곳이 우리가 가야 할 곳이야. 천천히 가게. 계속 눈을 뜨고 있고 총을 쏠 준비를 해 두게."

우리가 절벽 가장자리에 도착했을 때 나는 주위를 둘러보다가 잠보가 우리 아래쪽에 있는 바위에 앉아 있는 것을 보았다. 나는 그를 소리쳐 부르고 싶었지만 너무 큰 소리를 내고 싶지는 않았다. p.210 우리는 자주 멈춰 서서 숨어야 했기 때문에 느리게 숲 속을 이동했다.

"와 보게!" 우리가 마을에 도착했을 때 록스턴 경이 불렀다.

나는 숨어 있는 곳에서 마을을 바라보았다. 나는 이 이상한 작은 마을의 풍경을 언제까지나 기억할 것이다.

넓고 탁 트인 공간이 우리 앞에 펼쳐져 있었다. 이 공터 주변에는 반원형태로 나무들이 있었고 호기심이 생기는 오두막들이 지어져 있었다. 이 오두막들의 공터와 나뭇가지들은 부족의 여자들과 아기들로 보이는 유인원 인간들로 빽빽하게 채워져 있었다.

절벽 가장자리에 가까운 공터에 이 붉은 머리의 털이 텁수룩한 인간들 약 백 명이 한 무리를 이루어 모여 있었다. 그들 중 일부는 몸집이 크고 무시무시했다. 앞에는 인디언들로 이루어진 작은 무리가 서 있었다. p.211 그들은 작았고 강한 햇살에 광채 나는 구리처럼 반짝거리는 피부를 가진 털 없는 사람들이었다. 키가 크고 마른 백인이 그들 옆에 서 있었다. 서멀리 교수가 틀림없었다.

이 가련한 죄수 무리의 앞과 주변에는 몇 명의 유인원 인간들이 있었는데, 그들은 죄수들을 자세히 지켜보며 모든 탈출 시도를 불가능하게 했다. 그때 다른 모든 이들에게서 떨어져 나와 절벽 가장자리 가까운 곳에 있는 이상한 형체 두 개가 보였다. 한 명은 우리 동료 챌린저 교수였다. 그의 옷은 찢겨져 있고 머리카락은 흐트러진 것처럼 보였다. 챌린저 교수 옆에 그의 주인, 그러니까 유인원 인간들의 왕이 서 있었다. 모든 면에서 그 왕은 록스턴 경이 말해 주었듯이 우리 교수의 모습 바로 그대로였다. 다만 털 색깔만 검은색이 아니라 붉은 색이었다. 교수의 두개골은 그 유인원 인간의 것보다 커 보였다.

p.212 유인원 인간 두 명이 인디언들 가운데 한 명을 무리에서 잡아다가 절벽 가장자리 쪽으로 그를 앞장 세워 끌고 갔다. 왕이 신호로 손을 들었다. 그들은 인디언의 다리와 팔을 잡아서 앞뒤로 세 번을 흔들었다. 그런 다음 그들은 그를 절벽으로 던졌다. 인디언이 시야에서 사라졌을 때 모든 유인원 인간들이 그가 떨어지는 것을 보려고 앞으로 달려 나갔다. 그들은 자기 자리로 돌아가기 전에 환희의 비명을 지르고 춤을 추었다.

이번 차례는 서멀리 교수였다. 보초들 가운데 두 명이 그의 손목을 잡고 그를 앞으로 끌어냈다. 서멀리 교수의 마른 몸과 긴 사지는 마치 닭처럼 발버둥 쳤다. 챌린저 교수는 왕에게 돌아서서 손을 흔들었다. 그는 동료의 목숨을 살려 달라고 사정하고 있었다. 유인원 인간은 챌린저 교수를 옆으로 거칠게 밀쳐내고 고개를 가로저었다. 록스턴 경의 라이플총이 딸각 소리를 냈고 왕은 주저앉더니 죽었다.

p.213 "쏴! 쏘라고! 총을 쏴!" 내 동료가 외쳤다.

보통은 나는 동물을 죽이는 것을 참지 못한다. 그런 일은 내가 울음을 터트리게 하기까지 한다. 하지만 내 안의 무언가가 바뀌었다. 이제 피에 대한 욕망이 내게 나타났다. 나는 계속해서 총을 쏘고 반복해서 재장전하기 시작했다. 서멀리 교수를 들고 있던 보초 둘이 다 쓰러졌다. 서멀리 교수는 혼란스러워 보였다. 유인원 인간들 무리는 당황하여 뛰어다녔다. 그들은 혼돈 속에서 손을 흔들고 비명을 질렀다. 마침내 모든 유인원 인간들이 나무로 도망쳤다. 죄수들은 잠시 공터 한가운데에 자기들끼리 남겨져 서 있었다.

챌린저 교수는 서멀리 교수의 팔을 잡았고 그들 두 사람은 우리 쪽으로 뛰어왔다. 록스턴 경은 그들의 보초들을 쏘았다. 우리는 우리의 친구들을 만나기 위해 앞으로 달려 공터로 들어갔고 양손에 각각 장전된 라이플총을 쥐었다. p.214 하지만 서멀리 교수는 힘이 없었다. 벌써 유인원 인간들이 공황 상태에서 정신을 차리고 있었다. 그들이 나무에서 내려오고 있었다. 챌린저 교수와 내가 서멀리 교수의 팔꿈치를 하나씩 잡고 나란히 달렸고 록스턴 경은 우리 뒤에서 따라오면서 계속 총을 쏘았다.

그들은 1마일쯤 우리를 추격했다. 그러더니 우리가 총을 쏠 것을 깨달

왔기 때문에 우리만큼 빨리 달리는 것을 그만두었다. 마침내 우리가 야영지에 도착했을 때 우리는 뒤를 돌아보고 우리만 있는 것을 알았다.

우리는 문 밖에서 작은 발소리와 작은 울음소리가 들려오는 것을 듣기 전까지는 우리끼리만 있는 줄 알았다. 록스턴 경은 라이플총을 손에 들고 앞으로 달려 나가 문을 활짝 열었다. 그곳에는 우리를 두려워하여 떨면서도 보호해 달라고 애원하는 네 명의 살아남은 인디언들이 있었다. 그들 중 한 명이 록스턴 경의 다리를 부여잡았다.

p.215 "그러면 이 사람들을 어쩌지? 일어나게. 그리고 내 부츠에서 얼굴을 떼."

"당신은 우리를 무사하게 지켜 주어야 해요." 그 인디언이 말했다. "당신이 우리 모두를 죽음의 문턱에서 끌고 나왔어요. 당신은 굉장한 일을 했어요!"

"존경스럽소!" 챌린저 교수가 외쳤다. "우리와 과학계 전체가 당신에게 빚을 졌소. 여기 있는 우리 젊은 친구와 경이 최고로 훌륭하게 일을 해낸 거요."

챌린저 교수는 나이 많은 아버지 같은 미소를 지으며 우리를 바라보았다. 챌린저 교수는 무릎 사이에 고기 통조림 한 개를 가지고 있었고 차가운 양고기 조각 커다란 것을 하나 들고 앉았다. 인디언들은 그를 올려다본 다음 작은 소리를 내며 울었고 록스턴 경의 다리에 매달렸다.

"겁내지 말게." 록스턴 경이 인디언의 머리를 토닥이며 말했다. "이 인디언은 당신이 유인원 인간이라고 생각하는 게 분명해요. 이보게, 괜찮아. 그는 인간이야. 나머지 우리와 같은 인간일 뿐이라고."

p.216 "정말이야!" 교수가 외쳤다.

"흠, 챌린저 교수님, 교수님께서 유인원 인간 왕과 조금 닮으셨다는 것은 교수님께 참 다행스러운 일이에요."

"그런 말할 필요는 없잖소."

"하지만 사실이잖아요."

"주제를 바꿉시다. 우리는 이 인디언들을 집으로 데려다주어야 하오. 그들은 어디에 살지?"

"그에 대해서는 어려울 것이 없어요." 내가 말했다. "그들은 중앙 호수의 반대쪽에 있는 동굴에 살아요."

"여기서 얼마나 멀지?"

"20마일은 족히 되죠." 내가 말했다.

서멀리 교수가 끄응 신음소리를 냈다. 그러고 나서 우리는 모두 유인원 인간들이 떠드는 소리를 들었다.

"움직여야 해요. 빨리 움직입시다!" 록스턴 경이 말했다. "자네는 서멀리 교수님을 도와드리게, 젊은 친구. 이 인디언들이 비품을 나를 걸세. 자, 그럼 그들이 우리를 볼 수 있기 전에 따라오게."

p.217 30분도 안 돼서 우리는 다시 덤불 속에 숨어 있었다. 우리는 유인원 인간들이 우리를 찾고 있는 소리를 들었다. 마침내 우리는 모두 잠이 들었다. 챌린저 교수가 나를 깨웠다.

"자네는 이 일을 일지로 적어 두고 결국에는 그것을 출판할 거라고 기대하겠지, 물론 군." 챌린저 교수가 말했다.

"저는 신문 기자로 여기 왔을 뿐이에요." 내가 대답했다.

"바로 그거야. 자네, 록스턴 경이 내 외모에 대해 말한 것을 들었잖아."

"네."

"내 생각에는 존은 이상한 상상력을 가지고 있는 것 같네, 맞지? 자네가 기사를 쓸 때는 진실을 말해야 하네."

"물론이죠."

"아무튼 자네는 록스턴 경이 말한 것을 쓸 필요는 없어. 하지만 저 유인원 인간의 왕은 정말 놀라운 존재 아니었나?"

p.218 "최고로 놀라운 존재였죠." 내가 말했다.

그것들은 진정한 정복이었다

p.219 우리는 그 유인원 인간들이 우리의 은신처에 대해서는 모를 것이라고 생각했었다. 우리가 틀렸다.

우리는 모두 기진맥진한 상태로 일어났다. 서멀리 교수는 여전히 너무 힘이 없어서 일어설 수가 없었다. 하지만 그는 괜찮은 척했다. 우리는 아침을 먹고 나서 동굴로 이동하기로 결정했다. p.220 우리는 다른 인디언들이 우리를 보살펴 주기를 바랐다. 그들과 함께 쉬고 나서 우리는 또 다른 인디언을 찾을 수 있기를 바랐다.

인디언들은 힘이 세고 활동적이었으며 길고 검은 머리카락을 가지고 있었다. 그들은 가죽을 몸에 걸치고 있었다. 그들은 상냥한 얼굴을 하고 있었다. 그들의 귀는 피투성이였다. 아마 그들은 유인원 인간들이 잡아 뜯어 냈던 귀고리를 차고 있었을지도 모른다. 우리는 그들의 언어를 이해할 수 없었지만 그들은 '아칼라'라는 단어를 여러 번 반복해서 말했다. 우리는 그 단어가 국가 이름이라는 것을 깨달았다. 가끔씩 그들은 '도다'라는 단어를 공포와 증오심을 가지고 말했다.

"그들을 어떻게 생각하세요, 챌린저 교수님?" 록스턴 경이 물었다. 제일 어린 사람이 족장 같았다. 다른 이들이 굉장한 존경심을 품고 그를 바라보았다. 챌린저 교수가 그를 건드렸을 때 그는 물러났다. 그는 '마레타스'라는 단어를 몇 번 말했다.

"이들은 진정한 인간이야. 그들은 이곳의 원시적인 동물들과는 달라." 챌린저 교수가 그들을 바라보며 말했다. p.221 "그들이 이곳에 있는 것이 이상한 것 같아."

"그들은 어디서 왔을까요?" 록스턴 경이 물었다.

"유럽과 미국의 모든 과학계에서 열띠게 토론될 질문이 틀림없을 거요." 챌린저 교수가 대답했다. "이 지역의 동식물들은 지금까지 가까스로 살아남은 공룡들처럼 예전에 살던 생물들과 개미핥기 같이 이곳에 이르는 길을 찾아 최근에 이주해 온 동물들이 혼합된 것들이라오.

남미에 유인원이 한 명 존재했는데, 그것이 과거에 이곳으로 오는 길을 찾아서 우리가 본 그 존재들로 발전했을 가능성이 있소. 인디언에 관해서라면 그들은 아래쪽에서 더 최근에 이주해 온 자들일 것이라는 데 나는 의심의 여지가 없소. p.222 기근이나 전쟁 때문에 그들은 이곳까지 올라오는 길에 나선 것이지. 전에 본 적 없는 사나운 짐승들을 마주하게 되었을 때 그들은 살아남았소. 유인원 인간들은 아마 그들을 침략자로 여겼을 거요. 동의하시오?"

서멀리 교수는 이번만은 너무 우울해서 언쟁을 할 수가 없었다. 록스턴 경은 그저 어깨만 으쓱했다. 나는 인디언들 가운데 한 명이 안 보인다고 말했다.

"그는 물을 좀 가지러 갔다네." 록스턴 경이 말했다.

"이전 야영지로 갔어요?" 내가 물었다.

"아니, 시내로 갔네."

"제가 가서 그를 돌봐 줄게요." 내가 말했다. 나는 라이플총을 집어 들고 시내가 있는 방향으로 걸었다. 나는 우리가 안전하다고 생각했다.

나는 내 앞의 어딘가에서 시냇물 소리를 들을 수 있었다. 그때 나는 무언가 붉은 것을 덤불 사이에서 보았다. 그쪽으로 다가갔을 때 나는 그것이 사라진 인디언의 시체라는 것을 알고 기겁했다. p.223 나는 비명을 지르며 그 시체 쪽으로 달려갔다. 나는 위를 올려다보았다.

유인원 인간 한 명이 나무에서 나와 내 목을 움켜잡을 태세를 취했다. 나는 뒤로 펄쩍 뛰어 물러났다. 그 유인원 인간은 내 얼굴을 잡았다. 그는 나를 땅에서 들어 올려 내 얼굴을 힘을 주어 누르기 시작했다. 올려다보았을 때 나는 차가운 눈빛을 띠고 있는 옅은 푸른색 눈을 가진 무시무시한 얼굴이 내 얼굴을 내려다보는 것을 보았다. 나는 정신을 잃기 시작했다. 나는 라이플총이 딸깍 소리를 내는 것을 들었고 땅에 떨어졌다. 나는 움직일 수가 없었다.

내가 일어났을 때 다른 사람들이 내게 물을 주었다. 나는 몸이 쑤시기는 했지만 다치지는 않았다.

"라이플총을 가진 남자가 쉰 명 있으면 좋겠어요. 그럼 내가 저 유인원 인간들을 모조리 죽일 텐데요." 록스턴 경이 말했다.

우리가 빨리 떠나야 한다는 것은 분명했다. 우리는 유인원 인간들보다 빨리 움직일 수 있는 탁 트인 길을 찾았다. p.224 우리는 이곳을 떠나야 한다는 것이 유감이었다. 잠보와 더 이상 의사소통을 할 수 없을 것이기 때문이었다. 하지만 우리한테는 선택의 여지가 없었고 우리는 잠보가 우리를 기다릴 것이라는 것을 알았다.

우리가 여행길에 나선 것은 이른 오후였다. 젊은 족장은 우리의 안내자로서 앞장서서 걸었다. 그는 다른 두 명을 시켜 우리 비품을 나르게 했다. 우리 네 명의 백인은 뒤에서 라이플총을 장전하고 쏠 준비를 한 상태로 걸었다. 우리가 탁 트인 지역으로 나왔을 때 그 유인원 인간들은 우리를 쫓아오는 것 같지 않았다.

나는 우리 모두가 일주일 전과 무척 달리 보였기 때문에 미소를 지었다. 누군가가 지금 우리를 본다면 그 누가 우리가 영국에서 어떤 모습이었는지 상상할 수 있었겠는가? 우리는 모두 모자를 잃어버렸다. 우리의 머리와 수염은 길었다. 우리 옷은 헤어진데다가 우리는 잘 걷지도 못했다.

오후 늦게 우리는 호수에 도착했다. p.225 인디언들은 기뻐서 소리를 지르며 호수 건너편의 동굴을 가리켰다. 카누를 탄 인디언들이 우리를 마중하려고 노를 저어 호수를 건너왔다. 유리구슬을 걸고 멋진 모피 옷을 입은 노인이 우리가 구한 가장 젊은 인디언을 끌어안았다. 그는 그러더니 우리를 보고 질문을 몇 가지 던졌으며 그 후 그는 우리를 끌어안았다. 그러고 나서 그의 지시에 따라 전체 부족이 우리에게 절을 했다. 나는 당황했지만 챌린저 교수는 즐거워 보였다.

모든 남자들이 대나무 창과 활과 화살을 가지고 다녔다. 인디언들은 무엇을 해야 할지 의논하려고 모두 모였다. 우리가 구한 그 젊은이가 우리와 우리의 라이플총을 가리켰다. 그는 지금이 우리 모두가 공격해서 그 유인원 인간들을 완전히 말살시킬 때라고 제안하는 것 같았다.

인디언 전사들은 젊은이가 연설을 마쳤을 때 함성을 질렀다. p.226 늙은 족장이 우리를 향해 앞으로 걸어 나와 숲을 가리키는 동시에 질문을 했다. 록스턴 경이 내게 몸을 돌렸다.

"자네 어떻게 하겠나? 나는 그들과 함께 싸우고 싶어."

"물론 저도 가겠어요."

"그러면 챌린저 교수님, 당신은요?"

"나도 함께하겠네."

"그러면 서멀리 교수님은요?"

"이 여행의 취지는 유인원 인간을 공격하는 게 아니었지만 자네들 모두 간다면 내가 남아 있을 수는 없지."

록스턴 경이 족장에게 몸을 돌려 고개를 끄덕이고 그의 라이플총을 탁 때렸다.

노인은 우리의 손을 잡았고 그동안 그의 부족 남자들은 어느 때보다 더 크게 함성을 질렀다. 우리는 그날 밤 인디언들과 함께 휴식을 취했다. 인디언들 중 몇 명이 우리에게 커다란 이구아노돈을 다시 가져왔다. 이것도 역시 검은 자국이 있었다. 그들이 그것을 죽였고 우리는 이 공룡들이 그 인디언들에게는 소와 마찬가지라는 것을 깨달았다. p.227 잠시 후 그들은 이 짐승을 요리하고 먹고 있었다.

서멀리 교수는 나머지 우리가 호수를 탐험하는 동안 잠을 잤다. 록스턴 경은 파란 진흙을 찾게 되어 기뻐했다. 챌린저 교수는 가방을 수소가스로 채울 수 있는 화산 지대를 발견했다.

"이 가스는 공기보다 가벼워. 내 머리가 얼마나 대단한지 당신들한테 보여 주지." 챌린저 교수는 어떤 대단한 비밀을 생각하고 있는 것 같았다.

우리가 내는 소리가 동물들을 겁주어 호수에서 쫓아냈다. 수중에서는 거북들과 다른 공룡들이 헤엄쳤다. 긴 목을 지닌 커다랗고 납작한 생물이 서멀리 교수 옆에서 헤엄쳤다.

"플레시오사우루스! 깨끗한 물에 사는 플레시오사우루스야!" 서멀리 교수가 외쳤다. "이제는 행복한 마음으로 죽을 수 있겠어!"

p.228 잠을 잘 때까지도 우리는 그 동물들이 호수에서 움직이고 있는 소리를 들었다.

새벽에 우리는 일어나서 전투 준비를 했다. 더 많은 인디언들이 우리와 함께했으므로 우리는 400~500명가량의 남자들과 같이 있게 되었다. 우리는 숲 가장자리로 갔다. 여기에서 우리는 길게 한 줄로 늘어선 창병들과 궁수들 안으로 퍼져 들어갔다. 록스턴 경과 서멀리 교수는 오른쪽 끝에 자리를 잡은 반면에 챌린저 교수와 나는 왼쪽에 있었다.

우리는 오래 기다리지 않아 적을 만났다. 유인원 인간들이 몽둥이와 돌을 들고 인디언들이 줄지어 있는 곳 한가운데로 달려 나왔다. 그들은 궁수들을 치기에는 너무 느려서 화살이 그들에게 날아갔다. 나는 총을 한 번 쏘았을 뿐인데 인디언들은 숲에서 달려 나온 나머지 유인원 인간들을 다 죽였다.

우리가 숲에 들어갔을 때 싸움은 더 막상막하가 되었다. 그들은 나무에서 뛰어내려 공격했다. 그들 중 한 놈이 서멀리 교수의 라이플총을 쳐서 날려 버렸지만 인디언 한 명이 그 짐승의 심장을 찔렀다. p.229 우리 위쪽의 나무에 있는 다른 유인원 인간들이 돌과 나무토막을 아래로 던졌다. 많은 사람들이 죽었다. 우리는 많은 수의 유인원 인간을 총으로 쏘아 쓰러뜨렸고 계속해서 총을 발사했다. 그러고 나자 마침내 유인원 인간들은 공황 상태에 빠져 도망가기 시작했다. 인디언들은 함성을 지르며 그들을 쫓아 숲 속으로 들어갔다. 그들은 도망칠 수 없었다. 인디언들이 마지막 생존자들을 발견해서 죽였다.

"끝났어요." 록스턴 경이 말했다. "이제 돌아가서 좀 쉽시다."

챌린저 교수의 눈이 빛나고 있었다.

"우리가 인류를 위해 이 고원을 쟁취했어."

우리는 계속해서 비명 소리와 싸움 소리를 들었다. 챌린저 교수는 기뻐했지만 내게는 다소 비극적으로 보였다. 살아남은 최후의 유인원 인간 80명이 함께 모였다. p.230 그들은 절벽 위로 떠밀려서 대나무 창 위로 떨어졌다. 유인원 인간 마을은 파괴되었고 여자들과 어린아이들은 노예가 되었으며 그 기나긴 전쟁은 종국을 맞았다.

우리는 우리의 비품을 가지고 야영지로 돌아갈 수 있었다. 우리는 또한 다시 잠보를 만났다.

"이제 그곳을 떠날 시간이에요." 잠보가 우리에게 말했다.

"나도 동의하네. 챌린지 교수, 당신은 이제부터 우리를 이곳에서 데리고 나갈 길을 찾아야 하오."

우리는 굉장한 불가사의를 보았다

p.231 인디언들이 승리한 후 우리는 고원의 주인이 되었다. 원주민들이 우리를 두려움과 고마움이 뒤섞인 마음으로 우러러보았기 때문이었다. 그들이 우리를 위험하다고 생각했는지 어떤지 궁금했다. 우리는 어딘가에 터널이 있다고 확신했다. p.232 하지만 불과 1년 전에 심한 지진이 있었고 터널 위쪽 끝부분이 무너져 내리는 바람에 완전히 사라진 것이었다. 인디언들은 고원을 떠나는 방법을 모르는 것 같았다.

살아남은 유인원 인간들은 노예가 되었다. 밤에 때때로 우리는 그들이 울면서 한탄하는 소리를 들을 수 있었다. 이제 그들은 나무를 베고 물을 나르면서 남은 일생을 보낼 것이다. 우리는 그들의 동굴 밖 야영지에서 살았다. 록스턴 경은 우리가 그들과 함께 동굴을 같이 쓰는 것을 허락하지 않았는데, 그렇게 하면 인디언들에게 우리를 능가할 힘이 줄까 봐 그가 두려워했기 때문이었다. 우리는 인디언들과 친하게 지냈지만 무기를 쓸 준비를 해 두었다. 우리는 또한 계속해서 그들의 동굴을 방문했는데 그 동굴은 놀랄 만한 곳이었다.

입구는 땅 위로 80피트쯤 되는 높이였고 긴 돌층계로 이어져 있었는데, 너무 좁고 가팔라서 큰 동물은 계단을 절대 올라올 수가 없었다. p.233 동굴 안은 따뜻하고 건조했으며 반질반질한 회색 벽은 고원의 다양한 동물들을 그린 훌륭한 그림들로 장식되어 있었다.

비극이 일어난 것은 우리가 인디언 동굴 근처에 야영지를 만들고 나서 사흘째 되던 날이었다. 챌린지 교수와 서멀리 교수는 그날 함께 호수로 나가고 없었다. 많은 인디언이 풀이 무성한 언덕 위로 흩어져 있었다. 갑자기 그들이 "스토아!"라고 비명을 지르기 시작했다. 사방에서 남자, 여자, 아이들이 숨을 곳을 찾아 미친 듯이 달려오고 있었다.

올려다보니 그들이 위쪽에 있는 바위에서 우리를 향해 팔을 흔들며 자기들과 함께 있자고 부르는 것을 볼 수 있었다. 우리는 둘 다 라이플총을 움켜잡고 위험한 일이라는 게 무엇일지 보러 달려 나갔다. 갑자기 우리는 열다섯 명의 인디언들이 예전에 나와 야영지를 공격했던 그 무시무시한 괴물 두 마리에게 쫓기며 목숨을 보존하려고 달아나고 있는 것을 보았다. p.234 모양으로 보면 그것들은 끔찍한 두꺼비 같았지만 가장 큰 코끼리보다 더 몸집이 컸다. 그것들의 우툴두툴한 피부는 햇빛을 받아 무지개처럼 빛났다.

그 녀석들은 인디언들을 잡아 발로 뭉개고 죽이기 시작했다. 인디언들은 공포로 비명을 질렀지만 무기력했다. 한 명씩 인디언들은 잡혀 내려갔다. 록스턴 경과 내가 야수들에게 총을 연달아 쏘았지만 그런 것은 야수들에게 아무 영향도 주지 않는 것 같았다. 그들의 뇌는 너무 작아서 아픈 것은 그리 신경도 쓰지 않았다.

우리의 총알은 실패했지만 스트로판투스 액에 담갔다가 썩은 고기를 입힌 원주민들의 화살은 성공할 수 있었다. 인디언들이 그 동물을 처음 맞혔을 때는 거의 효력이 없었다. 하지만 시간이 지남에 따라 화살은 그 동물을 중독시켰다. 서서히 그 동물들은 느려지기 시작했고, 끙끙 앓더니 마침내 죽었다. p.235 인디언들은 기뻐서 소리쳤다. 인디언들은 그 동물의 몸은 잘랐지만 그 동물이 죽은 후에도 여전히 한참을 뛰는 거대한 심장은 내버려두었다.

언젠가 우리가 아칼라 인디언들과 함께 지낸 나날들에 대해 더 글을 쓸 것이다. 그들과 함께 지낸 시간을 나는 결코 잊지 않을 것이다. 이치시 오사우루스 새끼를 보았던 때도 기억한다. 그것은 반은 물개이고 반은 물고기인 신기한 생물로 주둥이 양쪽에 뼈로 덮인 눈이 있었고 정수리에 세 번째 눈이 달려 있었다.

또한 우리 근처의 동굴 안에 살았던 거대한 야행성의 흰 생물에 대해서도 이야기할 것이다. 인디언들은 그 생물에 너무 겁을 먹어서 그 장소 가까이에는 가려고 하지도 않았다. 그 생물은 소보다 더 크고 정말로 이상한 사향 냄새를 풍겼다. p.236 어느 날 챌린저 교수를 쫓아와 바위들로 만들어진 피난처로 쫓아 버린 한 거대한 새에 대해서도 나는 또한 이야기할 것이다. 마지막으로 나는 거대한 이빨과 열 개의 거대한 발을 지닌 기니아 피

그 독소들에 대해서도 쓸 것이다.

인디언들은 고원을 빠져나가는 길을 찾는 것과 관련한 것만 제외하면 그들이 해 줄 수 있는 모든 방법으로 우리를 도와주었다. 고원을 떠나는 것에 관한 한 그들은 그저 미소를 짓고 눈을 깜빡이며 고개를 흔들곤 했다. 우리가 구해 준 젊은 족장인 마레타스만이 우리가 왜 떠나고 싶어 하는지에 신경을 쓰는 것 같았다. 그래서 우리는 그들이 억지로 우리를 남아 있게 할 경우에 대비해 떠나는 것과 관련한 우리의 계획을 비밀로 유지했다.

한 번은 내가 잠보를 찾아갔다가 돌아오고 있을 때 록스턴 경이 종 모양의 커다란 새장을 들고 오는 것을 보았다.

"도대체 무슨 일을 하고 계신 거예요?" 내가 물었다.

p.237 "내 친구들인 익룡들을 보러 가네." 록스턴 경이 말했다.

"하지만 뭐하시려고?"

"재미있는 동물들이지. 그렇게 생각하지 않나? 나는 내가 늪을 탐험할 수 있도록 이것을 만들었다네."

"하지만 늪에서 뭐를 하고 싶으신 건데요?"

"자네는 교수들을 제외한 다른 사람들도 무언가를 알고 싶어 할 수 있다고 생각하지 않나?" 록스턴 경이 마침내 말했다. "나는 그 사랑스러운 것들을 연구하고 있어."

"오, 죄송해요." 내가 말했다.

록스턴 경은 돌아서서 멀어져갔고, 나는 그가 그 예사롭지 않은 새장을 가지고 숲을 헤치고 돌아다니도록 내버려두었다. 이 시기에 록스턴 경의 행동이 이상했다면 챌린저 교수의 행동은 더욱 괴상했다. 인디언 여자들이 그에게 반해서 어디든 그를 따라다녔다. 서멀리 교수로 말하자면, 그는 온종일 연구할 동식물을 채집하며 보냈다.

p.238 어느 날 밤 젊은 족장이 우리를 찾아왔다. 모든 인디언들 중 그 사람 혼자만 우리를 고원에 잡아두려고 애쓰지 않았다. 그는 나에게 나무껍질로 만든 종이 한 두루마리를 건넸고 나에게 내가 비밀을 지켜야 한다는 뜻을 알리려고 입술에 손을 갖다 대었다. 나는 그 나무껍질을 모닥불에 비추어 보았고 우리는 함께 그것을 살펴보았다. 나무껍질의 흰색 표면에 목탄으로 그려진 선들이 있었다.

"그게 무엇이든지 간에 저는 그것이 중요하다는 것을 알겠어요. 그가 저한테 그것을 줄 때 동굴들 위쪽을 가리켰어요." 내가 말했다.

"그것은 동굴 지도예요. 그리고 여기 십자 표시가 있어요. 십자 표시는 뭐 때문에 있을까요? 이것은 이 부분이 다른 곳보다 훨씬 깊다는 것을 표시하기 위해 그려 넣어진 거예요."

"밖으로 나가는 길이로군요." 내가 외쳤다.

"우리는 100피트 아래로 내려가야 할 것 같네." 챌린저 교수가 말했다.

"우리 밧줄은 100피트가 훨씬 넘어요." 내가 외쳤다. p.239 "분명히 우리는 아래로 내려갈 수 있어요."

"동굴 안의 인디언들은 어쩌고?" 서멀리 교수가 이의를 제기했다.

"우리 머리 위에 있는 동굴들 중 어디에도 인디언들은 없어요." 내가 말했다. "그 동굴들은 모두 헛간이나 창고로 쓰이는 곳이에요. 지금 그곳으로 올라가 보죠."

우리는 조용히 높은 동굴로 기어들어갔는데, 그곳에는 인디언은 없고 커다란 박쥐들만 있었다. 그때서야 드디어 우리는 횃불을 켰다. 우리는 원주민의 상징들로 장식된 반질반질한 회색 벽으로 이루어진 아름답고 습기 없는 터널을 발견했고 우리의 발밑에서는 흰 모래를 발견했다. 우리는 서둘러 그 터널을 열심히 따라가서 바위벽을 만났다.

"우리가 잘못된 동굴에 있을 수도 있지 않을까요?" 내가 제안했다. "기다려 보세요. 제게 생각이 있어요. 저를 따라오세요!"

p.240 나는 횃불을 손에 쥐고 우리가 왔던 길을 따라 서둘러 다시 돌아갔다.

"우리가 횃불을 켜기 전에 잠깐 사이에 컴컴한 동굴을 지나쳤어요. 여기 컴컴한 곳에 비밀 통로가 있는 것이 분명해요."

내가 말한 대로였다. 우리는 멀리서 붉은 빛을 볼 때까지 그 터널을 걸어 내려갔다. 우리는 이 빛을 향해 달려갔고 그때 갑자기 우리는 동굴 밖으로 나와 고원의 절벽 아래에 서 있었다. 아래로 내려가는 길을 찾는 것은 어렵지 않았다. 우리가 올라가는 길을 찾았을 때 우리는 절벽의 각도 때문에 이 길을 보지 못했던 것이다.

몰래 우리는 남은 비품을 모두 모으고 출발할 준비를 했다. 터널로 들어서기 전에 나는 마지막으로 한 번 더 메이플 화이트 랜드를 돌아보려고 몸을 돌렸다. 나는 멀리서 들리는 인디언들의 노래 소리와 어떤 커다란 동물의 기이한 울음소리를 들었다. p.241 그것은 바로 작별을 고하는 메이플 화이트 랜드의 목소리였다. 우리는 돌아서서 우리를 고향으로 인도하는 동굴 안으로 내려갔다.

두 시간 후 우리와 우리의 짐들, 그리고 우리가 가진 모든 것들이 절벽 기슭에 있었다. 우리는 스무 명의 인디언들과 함께 야영지에 있는 잠보를 발견했다. 구조 팀이 도착했다. 다음날 우리는 아마존 강으로 다시 돌아갔다. 우리는 각자 저만의 방식으로 더 바람직하고 더 깊이 있는 사람이 되어 있었다. 친애하는 맥아들 편집장님, 이제 곧 편집장님과 악수하게 되기를 바랍니다.

앞으로! 앞으로!

p.242 나는 고원의 정확한 위치를 보호하기 위해 이 편지에 포함된 몇몇 지명들을 바꾸었다.

우리가 남미를 여행하는 동안 고국의 사람들이 우리의 모험에 대한 소문을 듣고 흥분했다는 것이 분명해졌다. 런던에 돌아왔을 때 우리는 또한 흥분한 대중과 기자들을 만나게 되었다. p.243 우리는 11월 7일 동물학회 강연장에서 열리기로 예정된 회의 때까지 어떤 정보도 제공하는 것을 거절했다.

이것은 우리의 회의에 대해 쓰인 기사다.

동물학회 강연장은 전 세계에서 온 유명한 과학자들과 일반인들로 꽉 들어차 붐볐다. 네 명의 영웅들의 입장은 전체 청중이 일어나 환호하게 하는 원인이 되었다. 소수의 사람들만이 불만스러워 보였다.

여행자들은 여행 중에 그들이 찍었던 사진들을 이미 우리에게 보내 왔다. 그들이 처음 영국을 떠날 때와 비교해 볼 때 그들은 지금 더 마르고 햇볕에 그을려 보이지만 전체적으로 건강은 양호해 보인다. 첫 번째 강연자가 그 네 명의 남자들을 소개했고 낭만과 탐험은 죽지 않았다는 말을 했다. p.244 모두가 이 사람들의 귀환을 기뻐해야 한다.

서멀리 교수가 청중에게 고원으로의 여행을 설명했다. 그는 또한 챌린저 교수에게 진심으로 사과했고 그의 명석한 두뇌에 찬사를 보냈다. 그리고 그는 과학이 멸종했다고 추정했던 12종이 넘는 동물들에 대해 상세히 묘사했다. 서멀리 교수는 그들이 보았던 많은 공룡들에 대해 이야기했다. 그는 심지어 인간의 진화에 있어 잃어버린 고리였던 유인원 인간들을 발견했다고 주장했다.

갑자기 이러한 설명 중간에 에든버러의 제임스 일링워스 박사가 강연장 가운데에서 일어났다.

일링워스 박사: '제 과학적 견해로 볼 때 이분들은 거짓말을 하고 있다고 생각합니다.'

서멀리 교수: '이 사람은 개인적으로 원수지간입니다. 그는 제가 거짓말을 한다고 비난하는 데 개인적인 이유를 가지고 있습니다.'

p.245 의장: '일링워스 박사님, 앉아 주십시오.'

몇몇 사람들이 그 과학자를 다시 자리에 앉히려고 했지만 그는 계속해서 소리를 질렀다. 몇몇 다른 과학자들이 그와 합세했다. 일반인들은 그 논쟁에서 중립적인 듯 보였다.

일링워스 박사는 지금 네 남자들이 한 목소리로 똑같은 이야기를 한다고 해서 그들이 한 이야기를 진실로 만들 수는 없다고 말했다. 그는 이 남자들이 단지 유명해지기를 원할 수도 있지 않은가 하는 의견을 제시했다. 그들의 증거는 어디에 있다는 말인가? 사진 몇 장은 조작될 수도 있다는 것이다.

존 록스턴 경: '이 작자가 나를 거짓말쟁이라고 부르고 있는 것입니까?'

일링워스 박사: '나는 단지 당신들이 흥미로운 강연을 하는 바이지만 당신들이 말한 모든 것이 증명되지 않았다는 것을 말하고 싶을 뿐이오.'

청중은 자기들끼리 논쟁하기 시작했다. p.246 그들 중 일부는 여행자들을 지지했고 다른 이들은 일링워스 박사의 말에 동의했다. 갑자기 장내가 완전히 고요해졌다. 챌린저 교수가 일어났다.

'여러분이 모두 정확하게 기억한다면 서멀리 교수는 한때 내가 거짓말을 한다고 비난했습니다. 하지만 나는 그를 성공적으로 확신시켰습니다. 나는 이 세 남자들을 모두 잃어버린 땅으로 성공적으로 데리고 갔다가 다시 집으로 데려왔습니다. 이제 그들은 내 말에 전적으로 동의합니다. 서멀리 교수가 설명했듯이 우리 카메라는 유인원 인간들이 우리 야영지를 공격했을 때 망가졌습니다. 그래서 우리가 찍은 대부분의 사진들이 손상되었습니다.' 수염을 기른 챌린저 교수가 말했다. 청중의 일부가 야유했다.

'우리는 여러분에게 사진 몇 장을 보여 드렸습니다. 우리가 그것들을 전부 조작했을까요?' 사람들 중 일부가 그렇다고 말했다. '우리는 또한 서멀리 교수가 채집한 많은 종류의 새로운 생물종을 포함하여 나비들과 딱정벌레들을 보여 드렸습니다. 이것이 증거가 아니란 말입니까?'

p.247 일링워스 박사: '새로운 종의 나비들과 딱정벌레들을 찾기 위해서는 선사 시대의 고원까지 갈 필요가 없지요.'

챌린저 교수: '여러분에게 익룡의 사진을 보여 드리겠습니다.'

일링워스 박사: '사진으로는 우리에게 아무것도 확신시켜 줄 수 없습니다.'

챌린저 교수: '여러분은 직접 봐야 하겠습니까?'

일링워스 박사: '물론이지요.'

챌린저 교수: '그럼 그것을 인정하겠습니까?'

일링워스 박사: (웃으며) '그렇습니다.'

갑자기 청중은 기대감을 품고 조용해졌다. 말론 씨가 거구의 아프리카 남자와 함께 연단에 올라왔다. 그들 두 사람은 연단 뒤로 가더니 매우 커다란 짐을 가지고 돌아왔다. 챌린저 교수가 상자 뚜껑을 열었다. '자 나와라, 예쁜아, 예쁜아!' 챌린저 교수는 상자에 대고 말했다. p.248 잠시 후 끔찍한 생물 하나가 상자 밖으로 올라왔다. 그것은 불타는 석탄처럼 빛나는 붉은색의 작은 두 눈으로 청중을 관찰했다. 그것의 길고 야수 같은 입 안에는 상어처럼 이빨이 두 줄로 가득 들어차 있었다. 청중은 혼란에 빠졌다. 여성들 중 몇 명은 정신을 잃었다.

그러고 나서 그 생물은 날개를 펴고 방 안을 빙글빙글 돌며 날기 시작했다. 그것은 고약한 냄새가 났다. 그것은 점점 더 빨리 날았다.

잠시 후 그 생물은 천장에 있는 창문을 비집고 빠져나갔다. 챌린저 교수는 낙담하여 손에 얼굴을 묻고 의자에 다시 털썩 주저앉았고, 청중은 길고 깊은 안도의 한숨을 쉬었다.

그때 청중 전체가 함께 구호를 외치며 환호하기 시작했다. 그들은 네 남자들을 들어 올려 영웅처럼 데리고 다녔다.

그것이 일어났던 일이다. 새끼 익룡을 다시 데려 오는 것은 쉽지 않았다. p.249 우리는 아마존 강에서부터 고국으로 오는 여정 때 냄새 나는 이 생물에게 생선을 먹이는 데에 많은 시간을 보냈다. 나는 그 동물에게 어떤 일이 일어났는지 알 수 없지만 어떤 여자들은 그 동물이 교회에 앉아 있는 것을 보았다고 했다. 나는 또한 2~3주 후 이상한 날짐승을 총으로 쏘았다고 주장하는 대서양 위의 어떤 미국인 선원에 대한 기사를 읽기도 했다.

글래디스는 어땠을까? 그녀는 내가 과학 영웅이자 모험가이니까 나를 사랑했을까? 내가 그녀의 집을 방문했을 때 그녀는 피아노 근처의 등불 아래에 앉아 있었다. 나는 방을 세 발자국 만에 가로질러 가서 그녀의 양손을 잡았다.

"글래디스!" 내가 외쳤다.

글래디스는 얼굴에 깜짝 놀란 표정을 지으며 올려다보았다. p.250 그녀는 달라 보였다. 그녀는 내게서 손을 빼냈다. 갑자기 나는 붉은 머리의 키 작은 남자와 악수를 하고 있었다.

"내 편지를 받지 못했구나."

"아니, 못 받았어."

"오, 가엾어라! 받았더라면 모든 게 분명해졌을 텐데."

"꽤 확실하네, 뭐." 내가 말했다.

"내 남편에게 너에 관해 전부 이야기해 주었어." 글래디스가 말했다. "우리는 비밀이 없어. 이렇게 돼서 정말 미안해. 나는 네가 세계의 반대편으로 가려고 나를 남겨두었기 때문에 나를 그렇게 사랑하지는 않는다고 생각했어. 화났어?"

"아니야, 전혀." 내가 글래디스의 남편 쪽으로 몸을 돌리며 말했다. "그런데 당신은 어떻게 그랬던 겁니까? 숨겨진 보물이라도 찾았거나 무언가를 발견한 건가요? 당신은 어떤 모험을 떠났습니까?"

글래디스의 남편은 절망적인 표정으로 나를 바라보았.

p.251 "저는 평범한 사무원입니다." 글래디스의 남편이 말했다.

"잘 있어." 나는 이렇게 말하고 슬픔과 웃음이 마음속에서 부글부글 끓어오르는 것을 느끼며 어둠 속으로 뛰어들었다.

나에게는 추가로 언급할 만한 한 가지 작은 일화가 있다.

어젯밤에 챌린저 교수, 서멀리 교수, 존 록스턴 경, 그리고 나는 만나서 함께 식사를 했다. 존 록스턴 경이 우리에게 무언가 할 말이 있다고 한 것은 저녁을 먹은 뒤였다.

"우리가 늪에서 익룡 무리를 발견한 그날을 기억하고 계시겠죠? 그 파란색의 진흙이 기억나십니까?"

교수들이 고개를 끄덕였다.

"내가 그런 진흙을 본 곳이 이 세상에 오직 한 군데 더 있습니다. 그곳은 남아프리카의 다이아몬드 광산 안에서였어요. 내가 파낸 것을 보세요."

록스턴 경은 상자를 열어 20~30개가량의 콩알만 한 다이아몬드 원석을 탁자 위에 쏟아 놓았다.

p.252 "내가 보석상에게 그것들이 얼마나 값어치가 나갈지 물어봤지요. 그는 그 몫으로 최소 20만 파운드의 값을 매기더라고요. 우리가 똑같이 나누면 돼요. 챌린저 교수님, 5만 파운드를 가지고 무엇을 하시겠어요?"

"나는 항상 개인 박물관을 열고 싶었소." 챌린저 교수가 말했다.

"그러면 당신은요, 서멀리 교수님?"

"나는 화석을 연구하기 위해 교수 일에서 은퇴하겠소." 서멀리 교수가 말했다.

"그리고 나는 그 고원을 다시 탐험하고 싶어요. 자네는 결혼할 건가, 말론 군?"

"당장은 아직 아니에요." 내가 말했다. "차라리 록스턴 경과 함께 가는 것이 좋을 것 같아요."

록스턴 경은 아무 말도 하지 않고 탁자 위를 가로질러 나에게 손을 뻗었다.

중학교 영어로 다시 읽는 세계명작 시리즈

신서판 | 200~400쪽 | 6,500~8,000원

01 이솝 우화 | 02 안데르센 동화(미운 오리 새끼 외) | 03 영국동화(빨간 두건 소녀 외) | 04 셜록 홈즈 | 05 오 헨리 단편집(마지막 잎새 외) | 06 이상한 나라의 앨리스 | 07 어린 왕자 | 08 오즈의 마법사 | 09 그림동화(라푼젤 외) | 10 오스카 와일드 단편집(행복한 왕자 외) | 11 페로 동화(미녀와 야수 외) | 12 비밀의 화원 | 13 소공녀 | 14 톰 소여의 모험 | 15 피노키오의 모험 | 16 노인과 바다 | 17 피터 팬 | 18. 파랑새 | 19 하이디 | 20 크리스마스 캐럴 | 21 뤼팽의 모험 | 22 시튼 동물기 | 23 구약 | 24 신약 | 25 알퐁스 도데 단편선 | 26 걸리버 여행기 | 27 빨강머리 앤 | 28 안네의 일기 | 29 톨스토이 단편선 | 30 오페라의 유령 | 31 톰 아저씨의 오두막집 | 32 큰바위 얼굴 | 33 정글북 | 34 보물섬

고등학교 영어로 다시 읽는 세계명작 시리즈

신서판 | 200~400쪽 | 6,500~8,000원

01 그리스 로마 신화 | 02 아라비안나이트 | 03 집 없는 아이 | 04 80일간의 세계일주 | 05 위대한 개츠비 | 06 셰익스피어 작품집(로미오와 줄리엣 외) | 07 키다리 아저씨 | 08 제인 에어 | 09 솔로몬 왕의 동굴 | 10 에드거 앨런 포 단편집(검은 고양이 외) | 11 무기여 잘 있거라 | 12 작은 아씨들 | 13 폭풍의 언덕 | 14 로빈 후드 | 15 조로 | 16 잃어버린 세계 | 17 레미제라블 | 18 젊은 베르테르의 슬픔 | 19 오만과 편견 | 20 위대한 유산 | 21 프랑켄슈타인 | 22 로빈슨 크루소 | 23 올리버 트위스트 | 24 지킬 박사와 하이드 씨 | 25 야성의 절규 | 26 아이반호